国家林业和草原局干部学习培训系列教材

林业工作站管理理论与实践

《林业工作站管理理论与实践》编写组组织编写

云天昊　主编

中国林业出版社
China Forestry Publishing House

图书在版编目（CIP）数据

林业工作站管理理论与实践/《林业工作站管理理论与实践》编写组组织编写；云天昊主编 . —北京：中国林业出版社，2023.12
国家林业和草原局干部学习培训系列教材
ISBN 978-7-5219-2507-4

Ⅰ.①林…　Ⅱ.①林…②云…　Ⅲ.①林业管理−基层组织−中国−干部培训−教材　Ⅳ.①F326.25

中国国家版本馆 CIP 数据核字（2023）第 254301 号

策划编辑：高红岩
责任编辑：郭　琳
责任校对：苏　梅
封面设计：睿思视界视觉设计

出版发行	中国林业出版社
	（100009，北京市西城区刘海胡同 7 号，电话 83223120）
电子邮箱	cfphzbs@163.com
网　　址	http：//www.forestry.gov.cn/lycb.html
印　　刷	北京中科印刷有限公司
版　　次	2023 年 12 月第 1 版
印　　次	2023 年 12 月第 1 次印刷
开　　本	710mm×1000mm　1/16
印　　张	10
字　　数	160 千字
定　　价	35.00 元

《林业工作站管理理论与实践》编写组

组　　　长：丁晓华
副 组 长：丁立新　刘春延　侯　艳　云天昊
成　　　员：张明吉　陈峥嵘　梁　灏　李俊魁
　　　　　　李　金
主　　　编：云天昊
参编人员：（按姓氏拼音排序）
　　　　　皑　妍　安　娜　班　奇　程小玲
　　　　　董云飞　付　超　付晓轩　郭露平
　　　　　何沛丰　胡云辉　李米龙　卢明洁
　　　　　罗　雪　马姣玥　王　宁　王小宇
　　　　　许慧娟　杨　丽　张　韬　张嘉伟
　　　　　张明辉　张桐瑞　赵旭辉

序　言

习近平总书记强调："中国共产党人依靠学习走到今天，也必然要依靠学习走向未来。"重视学习、善于学习是我们党的优良传统和政治优势，是推动党和人民事业发展的一条成功经验。党的二十大擘画了以中国式现代化推进中华民族伟大复兴的宏伟蓝图，党员干部只有全面贯彻习近平新时代中国特色社会主义思想，深刻领悟"两个确立"的决定性意义，增强"四个意识"、坚定"四个自信"、做到"两个维护"，认认真真地学习、与时俱进地学习、持之以恒地学习，才能在进行伟大斗争、建设伟大工程、推进伟大事业、实现伟大梦想中敢于作为、主动作为、善于作为，才能使领导和决策体现时代性、把握规律性、富于创造性，才能始终跟上时代步伐、担起历史重任。

党中央历来高度重视林草工作，在以习近平同志为核心的党中央坚强领导下，林草事业发生了深刻的历史性变革，进入了林业草原国家公园"三位一体"融合发展的新阶段。把握新发展阶段、贯彻新发展理念、构建新发展格局，要求我们必须准确把握习近平生态文明思想精髓要义，深刻理解森林是"水库、钱库、粮库、碳库"深邃内涵，践行绿水青山就是金山银山理念，坚持山水林田湖草沙一体化保护和系统治理，为全面建设社会主义现代化国家奠定坚实的生态基础。履行好这些职责任务，迫切需要大力加强林草干部教育培训工作，建设一支信念坚定、素质过硬、特别能吃苦、特别能奉献的高素质专业化林草干部队伍。

习近平总书记指出:"抓好全党大学习、干部大培训,要有好教材。"教材是干部学习培训的关键工具,关系到用什么培养党和人民需要的好干部的问题。好教材对于筑牢政治信念、丰富专业知识、提高业务能力,提升教学水平和培训质量具有非常重要的意义。新修订的《干部教育培训工作条例》要求,要适应不同类别干部教育培训的需要,着眼于提高干部综合素质和能力,开发具有政治性、思想性、权威性、指导性、可读性的干部学习培训教材。为深入贯彻落实中央有关决策部署,服务林草事业高质量发展和干部培训需求,国家林业和草原局紧紧围绕林草部门核心职能,不断加强干部学习培训系列教材建设,逐步形成了特色鲜明、内容丰富、针对性强的林草干部学习培训教材体系,为提升广大林草干部特别是基层林草干部的综合素质、专业素养和履职能力提供了有力支撑。

各级林草主管部门要持续加强林草干部教育培训工作,坚持把学习宣传贯彻党的二十大精神作为首要任务,着力提升政治判断力、政治领悟力、政治执行力。要坚持理论同实践相结合,学好用好教材,努力将教育培训成果转化为践行新发展理念、推动林草事业高质量发展的能力水平,为建设生态文明和美丽中国做出新贡献。

前　言

乡镇林业工作站(以下简称林业站)是我国最基层的林业综合管理服务机构,承担着政策宣传、资源管护、林政执法、生产组织、科技推广和社会化服务等职能,是组织和指导农村集体经济组织、个人发展林业生产和开展林业社会化服务的基层公益性事业单位。林业站既有管理职能,又有服务职能,涵盖了包括生产、管理、组织等基层林业工作的全过程和各方面,是林业各项工作的"落脚点",是林业和草原部门联系林农的桥梁和纽带。长期以来,林业站在林业草原现代化和生态文明建设中发挥了不可替代的重要作用。

国家林业和草原局高度重视林业站工作,始终把提高林业站干部队伍能力和素质作为一项重要工作来抓。近年来中央做出了大力推进生态文明建设的战略部署,提出创新、协调、绿色、开放、共享的新发展理念,对林业工作提出了新的要求,特别是随着改革的不断深入,基层林业工作的内涵和外延都发生了明显变化,对基层林业站干部职工的素质能力提出了新的更高的要求。

为了适应推进林业现代发展需求,有计划地开展林业站岗位业务培训,与时俱进、拓宽视野、更新知识、提升素质,全面提高干部职工的业务技术、技能和管理服务水平势在必行。

本教材使用对象主要是林业站干部职工及有关从事林业工作的人员。本教材紧紧围绕林业站六大职能,紧密结合林业站工作实际,主要内容包括林业站概述、林业站建设、林业站职能和作用、林业站队伍建设、林业站内部管理等。

  本教材是在有关省、自治区、直辖市林业和草原主管部门的专家审阅所提意见基础上进行编写的，并经国家林业和草原局人事司、国家林业和草原局管理干部学院组织专家审定并定稿。

  由于书稿出自众手，时间紧张，疏漏错误之处在所难免，恳切希望读者批评指正。

编 者

2023 年 6 月

目 录

序 言
前 言

第一章 林业站概述 ··· 1
  第一节 林业站概况 ·· 1
  第二节 林业站性质和任务 ·· 4

第二章 林业站建设 ··· 9
  第一节 林业站的机构 ·· 9
  第二节 林业站基础设施 ··· 11
  第三节 林业站图表制度建设 ······································· 12

第三章 林业站职能和作用 ·· 17
  第一节 政策宣传 ·· 17
  第二节 生产组织 ·· 18
  第三节 资源管护 ·· 19
  第四节 林政执法 ·· 21
  第五节 科技推广 ·· 26
  第六节 社会化服务 ··· 58
  第七节 森林保险 ·· 63
  第八节 生态护林员工作 ··· 85

第四章 林业站队伍建设 ··· 94
  第一节 林业站人员素质能力 ······································ 94

第二节　林业站队伍教育培训 …………………………………… 98
　　第三节　林业站队伍管理 ………………………………………… 104
第五章　林业站内部管理 ……………………………………………… 108
　　第一节　林业站规划与项目管理 ………………………………… 108
　　第二节　林业站统计管理 ………………………………………… 115
　　第三节　林业站档案管理 ………………………………………… 134

第一章

林业站概述

第一节 林业站概况

林业站是我国最基层的林业综合管理服务机构，承担着政策宣传、资源管护、林政执法、生产组织、科技推广和社会化服务等职能，是组织和指导农村集体经济组织、个人发展林业生产和开展林业社会化服务的基层公益性事业单位。其工作涵盖林业工作的全过程和各方面，是林业和草原部门联系林农的桥梁和纽带。长期以来，林业站在林业草原现代化和生态文明建设中起到了不可替代的重要作用。

一、历史沿革

我国的林业站始建于建国初期，先后经历了"建站设员""快速发展""巩固提高""完善规范""质量建站"五个发展阶段。在国家相关部门及国家林业主管部门历届党组的高度重视下，经过多年来的不懈努力，"建齐、完善""巩固、提高""健全、规范"等阶段性目标逐渐实现，林业站不断发展壮大，形成了较为完善的国家、省、市、县、乡五级林业站体系。截至2022年年底，全国共有地、县、乡三级林业站机构近2.5万个，职工7.6万人。

1. 建站设员（新中国成立初期至1987年）

早在新中国成立初期，为了适应林业建设的需要，一些地方就开始了林业站建设。到1957年，我国部分省（自治区、直辖市）率先建立了林业站5000余个，职工2万多名。1963年，林业部发布了《林业工作站工作条例（试行草案）》。1964年，经国务院批准，黄河中下游五省（自治区）的

100个水土流失严重县建立了公社级林业站，增配编制4200多人。随着我国农村政治、经济体制的变革，林业站建设几起几落，几经周折，发展一直比较缓慢，到1987年年底，全国5.7万多个乡镇仅建林业站1.73万个，职工总数不足8万人。由于林业站覆盖面太小且不健全，不仅使党和国家的林业方针政策难以在基层全面贯彻落实，而且连一些基本情况和数据也无法准确地统计出来，成为影响和阻碍农村林业发展的重要因素之一。

2. 快速发展（1988—1993年）

党的十一届三中全会以后，随着党的工作重点转移和林业改革的深入，各级林业主管部门越来越认识到加强林业站建设的重要性。在国家相关部门的大力支持下，在林业部的高度重视下，地方各级党委、政府和各级林业主管部门都采取了一系列措施加强林业站建设，林业站机构数量明显增长，编制经费得到有效保障，建设资金实现零的突破。一是切实加强领导。1988年，林业部把加强林业站建设作为六项改革之一摆上了重要议事日程，印发了首部《区、乡（镇）林业工作站管理办法》。机构改革时，在精简机构、压缩编制的情况下，于1989年成立了林业部林业工作站管理总站（1998年改为国家林业局林业工作站管理总站，2018年改为国家林业和草原局林业工作站管理总站），专门从事基层林业站的建设与管理工作。各省（自治区、直辖市）林业主管部门或成立专管机构或明确主管处（室），配备专管人员，切实加强了对林业站建设的管理和指导。二是积极解决林业站人员编制。在国务院的关怀和有关部委的支持下，1990年3月，人事部和林业部联合下发了《农村基层林业工作站人员编制标准（试行）》；1992年9月，林业部、人事部又联合下发了《关于进一步做好基层林业工作站人员补充工作的通知》。各地为贯彻两部文件做了大量深入细致的工作，较好地解决了林业站人员编制和经费问题。三是多方筹资，改善林业站办公和生活条件。从1988年开始，林业部在林业建设资金十分紧张的情况下，每年安排部分预算内基建投资扶持林业站建设。到1993年，林业站对乡镇的覆盖度由建站设员阶段的30%提高到了75%，提高了45个百分点。

3. 巩固提高（1994—2004年）

1994—2004年为我国林业站巩固提高阶段。在全国基层林业管理服务网络基本建立的基础上，全国林业站建设进入"巩固提高"的新阶段。1994

年，国务院印发《关于加强森林资源保护管理工作的通知》，明确了要稳定林业站等管理和执法队伍；2000年，国家林业局颁布了《林业工作站管理办法》；《中共中央 国务院关于加快林业发展的决定》明确了林业站政策宣传、资源管护、林政执法、生产组织、科技推广和社会化服务六大职能作用，开展了林业站建设合格县、林业站建设示范县试点项目，提高基础设施建设水平。

4. 完善规范（2005—2011年）

支持林业站发展和建设的政策文件陆续出台。2005年，国家林业局印发《关于进一步加强森林资源管理工作的意见》，指出"要进一步强化乡镇林业工作站的建设和管理"。《中共中央 国务院关于全面推进集体林权制度改革的意见》要求"加强基层林业工作机构建设，乡镇林业工作站经费纳入地方财政预算"。《全国造林绿化规划纲要（2011—2020年）》指出，全面加强基层林业工作站等基层林业单位基础设施建设，林业站建设方向更加明确。林业站重点县建设、标准化林业站建设、全国林业站本底调查等多项基础支撑工作相继开展，建设资金平稳增长，在乡镇林业建设中的作用显著提高。2010年，通过社会征集，设计并启用林业站站徽，树立了行业形象，提高了社会认知度。

5. 质量建站（2012年至今）

生态文明建设纳入"五位一体"总体战略布局，林业迎来前所未有的战略机遇，林业站工作内容越来越丰富，工作任务越来越繁重，自身建设更加注重质量和成效。2015年，国家林业局制定出台了《林业工作站管理办法》，并组织召开全国林业站工作会议。会议强调，各级林业部门要切实建设好、使用好、保障好这支林业建设的重要力量，不断加强基层林业站建设。会议要求，各级林业站要强化森林资源保护，认真组织实施好造林绿化，积极推行"一站式""全程代理"等便民服务模式。《全国省级林业工作站年度重点工作质量效果跟踪调查办法（试行）》，明确了当前和今后一个时期林业站系统六个方面21项重点工作及质量标准。《关于开展乡镇林业工作站服务乡村振兴工作的通知》《关于充分发挥林业职能作用 全力推进林业精准扶贫工作的指导意见》，推动林业站切实发挥职能作用，开展服务乡村振兴、精准扶贫工作。《乡镇林业工作站工程建设标准》《基层林业工作站建设中央预算内投资计划管理办法（试行）》《标准化林业工作站建设检查验收办法》等,指导管理林业站有章可循。标准化林业站建设项目自2009年开展试点,2014年全面铺开。2020年以来,中央预算内投资连续3年超过了1亿元。截至2022年,中央预算内共投入9.556亿元,建设标准站4470个,极大地改善了林业站软、硬件条件,促进了林业站职能作用发挥,进一步夯实了林业基层基础。

二、站徽标识

林业站的站徽图案以森林和工作站英文"Station"的首字母"S"组合而成(图1-1)。茂密的森林体现出林业的行业特点;字母"S"变化成林间大道,形象地体现出林业站立足基层、服务林农,是林业工作的"基石",是各项林业工作的落脚点,同时也是一条联系农民群众的桥梁和纽带。整个标识采用有层次的绿色过渡,和谐美观,鲜明地树立起林业站的形象,简洁明快,便于推广应用。

图1-1 林业站站徽标识

第二节 林业站性质和任务

一、林业站的性质

林业站是设在乡镇的基层林业工作机构,依法对森林、野生动植物资源实行管理和监督,组织和指导农村林业生产经营组织和个人发展林业生产，开展林业社会化服务。林业站是林业方针政策、法律法规的宣传站；是保护森林资源、查处破坏森林资源行政案件的管理站；是林业技术的推广站；是为新农村建设、农村集体和林农服务的服务站。作为这种性质的体现，林业站在管理上具有以下特征。

1. 林业站代表国家实施管理

林业站对乡镇林业的管理具有代表国家的特征，林业站的行政管理任务应该是贯彻执行国家发展林业、保护森林的意志，具体管理和组织乡、村林业建设。

2. 林业站的管理具有法定性

林业站既然是代表国家对乡、村林业进行管理，那么它的一切管理都要按照相应的法律、法规和规章办事，不得超越法律、法规和规章所规定的权限范围。

3. 林业站的管理具有目的性

林业站要对乡、村林业实施管理，就要协助乡镇制定林业发展规划和编制森林经营方案，其依据就是县林业发展规划。林业站是县林业系统的子系统，因此，林业站的管理目标必须与县林业发展目标规划相一致，努力使县林业发展目标在乡、村得到实现。

4. 林业站的管理具有综合性

林业站工作内容涉及林业的各个方面。在资源管理方面，从法律、法规和方针政策的宣传、森林资源管理制度的执行到县级林业行政主管部门委托范围内的林业行政案件的依法查处；在技术管理方面，从采种、育苗、造林、抚育到森林经营管理等；在社会化服务方面，对推广林业科技、开展技术咨询和培训、提供县级林业主管部门的政务事项办理等均实行全面管理。因此，林业站对乡、村林业的管理不是实行单方面的管理，而是实行综合性管理。

5. 林业站的管理具有导向性

林业站的管理对象是千家万户的林农和各类林业集体经营主体，涉及面广，需要通过导向作用来进行管理，以实现管理目标。因此，在管理过程中，要特别注意把依据法规、政策的管理行为与调动广大群众和社会各种力量的自觉性、主动性和积极性结合起来。

6. 林业站的执法具有严肃性

林业站在管理过程中，对违反林业法律、法规和规章的行为实施林业行政处罚，其实施的处罚必须由县级林业行政主管部门依法进行书面委托，其权限只能在委托的范围内并以县级林业行政主管部门的名义进行处罚，不得超越，否则属越权行为，行政处罚行为无效。在执法过程中，一定要做到有法可依，有法必依，执法必严，违法必究。

以上特征如果不完备，就意味着林业站的性质可能是模糊的，其结构和功能也必然随之不确定，导致林业站不能充分发挥职能作用。

二、林业站的职能

《中共中央 国务院关于加快林业发展的决定》明确规定，林业站承担着政策宣传、资源管护、林政执法、生产组织、科技推广和社会化服务等职能。概括起来，林业站的职能主要是"宣传、管护、执法、组织、服务"五个方面。

1. 宣传

宣传工作是林业工作的第一道工序。发挥林业站的宣传职能，就是要通过林业站把党和国家林业方针政策宣传到千家万户，做好宣传发动工作，强化公民的法制观念和绿化意识，提高人们对保护森林、改善生态环境的重要性的认识，调动各方面的积极性，引导广大农村群众和社会各方力量投身于林业建设。

2. 管护

林业站的管护属于行政管理范畴。它不同于林业生产单位的经营管理，也不同于其他专业管理，一方面具有维持和发展农村林业生产关系的社会属性；另一方面具有维持乡镇、村林业生产正常秩序，为林业又快又好发展创造条件的自然属性。森林资源是林业工作的命根子，加强森林资源管护是林业站的首要职能。加强森林资源管护就是要依法切实保护、管理好森林、湿地和野生动植物资源，严格执行森林采伐限额制度，认真坚持凭证采伐和采伐验收制度，对森林采伐消耗实行全额管理，推进我国林业又快又好发展，充分发挥森林的多种效益。为此，林业站应采取行政、经济、法律和工程技术相结合的综合性管理措施。

3. 执法

这里所说的执法是指林业行政处罚。林业行政处罚是一种具体的行政行为，是指在行政管理过程中，国家行政机关基于其行政职权或者其他组织根据法律、法规特别授权及行政机关的依法委托而实施的能产生行政法律后果的行为，即行政法律行为。按照实施行政行为的权利来源不同，行政行为可分为依职权的行政行为、依授权的行政行为和依委托的行政行为三种。

依职权的行政行为，是指行政机关直接根据宪法和法律赋予自己的职权而实施的行为。依授权的行政行为，是指具有公共事务管理职能的组织根据法律、法规的特别规定行使特定的职权而做出的行政行为。依委托的行政行为，是指行政机关因不便于直接行使职权而根据法律、法规或者规章的规定，委托其他组织代行某些职权的行为。林业站实施林业行政处罚，实际上是依委托的行政行为，林业站应按有关委托的规定实施林业行政处罚。《林业行政处罚程序规定》第二章第六条规定："林业行政主管部门依法委托实施林业行政处罚，必须办理书面委托手续，并由委托的林业行政主管部门报上一级林业行政主管部门备案。委托的林业行政主管部门对受委托的组织实施行政处罚的行为负责监督，并对该行为的后果承担法律责任。受委托组织在委托范围内，以委托的林业行政主管部门名义实施行政处罚，不得再委托其他组织或者个人实施行政处罚。"林业站要在接受县级林业主管部门的书面委托后，严格按委托的权限进行林政执法，并应以县级林业主管部门的名义进行林业行政处罚，而不能以自己的名义做出行政处罚。在执法过程中，一定要秉公执法，做到有法可依，有法必依，执法必严，违法必究。同时，协助有关部门查处各类破坏森林资源的案件，落实"依法治林"的各项措施。

4. 组织

组织是指安排分散的人和事物使之具有一定的系统性或整体性。组织农村集体、个人发展林业生产是林业站的又一重要职能。发挥林业站的组织职能就是要组织农村集体和群众搞好各项林业生产经营活动，包括实施造林绿化规划、作业设计、种苗供应、技术指导、封山育林、森林抚育等各项工作。一个乡镇林业发展规划，只有组织实施得力，才能如期实现。乡镇林业工作的好坏，很大程度上取决于林业站组织职能的发挥情况。在组织工作中，最重要的是对人的组织，因为林业站的一切工作任务和规划目标，最终要靠人去完成和实现，充分调动农村广大干部群众保护森林、发展林业的积极性，是组织工作的重要任务之一。

5. 服务

服务是指为集体(或他人)的利益或为某种事业而工作。林业站是开展林业科技推广和林业社会化服务的主体。林业站开展服务一方面要做好科技推广工作，开展技术培训和技术咨询，建立科技示范基地，发挥辐射示范作用，为科技兴林做贡献；另一方面就是要积极为林农提供产前、产中、产后的系列化服务，引导林农结合当地实际进行林业产业结构调整，提高林业经济效益，推动农村林业产业发展，加快广大林农脱贫致富的步伐。

三、林业站的主要职责

根据2015年国家林业局发布的《林业工作站管理办法》，林业站的主要职责是：

(1) 宣传与贯彻执行森林、野生动植物资源保护等法律、法规和各项林业方针、政策。

(2) 协助县级林业主管部门和乡镇人民政府制定和落实林业发展规划。

(3) 配合县级林业主管部门开展资源调查、档案管理、造林检查验收、林业统计等工作。

(4) 协助县级林业主管部门或者乡镇人民政府开展林木采伐等行政许可受理、审核和发证工作。

(5) 配合县级林业主管部门或者乡镇人民政府开展森林防火、林业有害生物防治、陆生野生动物疫源疫病防控、森林保险和林业重点建设工程等工作。

(6) 协助有关部门处理森林、林木和林地所有权或者使用权争议，查处破坏森林和野生动植物资源案件。

(7) 配合乡镇人民政府建立健全乡村护林网络和管理乡村护林队伍。

(8) 推广林业科学技术，开展林业技术培训、技术咨询和技术服务等林业社会化服务。

(9) 承担县级林业主管部门或者乡镇人民政府规定的其他职责。

第二章

林业站建设

第一节 林业站的机构

一、机构设置

《中共中央 国务院关于全面推进集体林权制度改革的意见》明确规定，加强基层林业工作机构建设，乡镇林业工作站经费纳入地方财政预算。《中共中央 国务院关于加快林业发展的决定》明确规定，乡镇林业工作站是对林业生产经营实施组织管理的最基层机构，要充分发挥政策宣传、资源管护、林政执法、生产组织、科技推广和社会化服务等职能和作用。《林业工作站管理办法》明确规定，林业站是设在乡镇的基层林业工作机构，依法对森林、野生动植物资源实行管理和监督，组织和指导农村林业生产经营组织和个人发展林业生产，开展林业社会化服务。有林业生产和经营管理任务的地方，应当在乡镇设立林业站；林业生产和经营管理任务相对较轻的地方，可以设立区域林业站。不具备设立林业站条件的，乡镇人民政府应当依法设专职或者兼职人员负责林业工作。林业站的设立，由县级林业主管部门提出意见或者由县级林业主管部门与当地乡镇人民政府协商后提出意见，按照有关规定报县级人民政府或者有关机构批准。林业站工作人员的编制，由县级林业主管部门根据国家有关规定和当地实际情况，商机构编制部门确定。林业站的撤销或者变更，由县级林业主管部门提出意见或者由县级林业主管部门与当地乡镇人民政府协商后提出意见，报原批准设立的机关批准。林业站负责人的任免，由县级林业主管部门负责或者按照所在地人事管理规定办理。

《中华人民共和国森林法》（以下简称《森林法》）第九条规定，乡镇人民政府可以确定相关机构或者设置专职、兼职人员承担林业相关工作。

二、管理体制

林业站的管理体制是由林业站的性质、职能和任务所决定的。《林业工作站管理办法》明确规定，林业站由县级林业主管部门直接领导或者实行由县级林业主管部门和所在地乡镇人民政府双重领导的管理体制。国家林业局主管全国林业站的建设和管理工作，具体工作由其设立的林业站管理总站负责。县级以上地方林业主管部门主管本行政区域内林业站的建设和管理工作，具体工作由其设立或者确定的林业站管理机构负责。

（一）垂直管理体制

实行垂直管理体制的林业站实际上是县级林业和草原主管部门的派出机构。林业站的人事、财务、固定资产和物资管理等行政管理权，均属县级林业和草原主管部门。其中，林业站的站长由县级林业和草原主管部门任命。

（二）双重管理体制

实行双重管理体制的林业站是由县级林业和草原主管部门与当地乡镇政府双重领导，一般以县级林业和草原主管部门为主。林业站的建立、变更，由县级林业和草原主管部门和当地乡镇政府共同协商，提出意见，报县级人民政府审批；林业站站长的任免，由县级林业和草原主管部门提名，按当地人事管理审批程序办理。

（三）乡镇管理体制

实行乡镇管理体制的林业站是由当地乡镇政府领导，林业站的人事、财务、固定资产和物资管理等行政管理权均属当地乡镇政府。

三、人员配备

《林业工作站管理办法》明确规定，林业站工作人员的编制，由县级林业主管部门根据国家有关规定和当地实际情况，商机构编制部门确定。林业站新进人员应当主要接收大中专院校毕业生，实行公开招聘，采取考试与考核相结合的办法，择优聘用。林业站应当设立符合工作需要的专业技术岗位。专业技术人员应当具有相应的专业技术水平，符合岗位职责要求。林业站新进专业技术人员，应当具备大中专以上专业学历。

四、经费渠道

《国务院关于深化改革加强基层农业技术推广体系建设的意见》明确规定，对乡镇林业站承担的森林资源管护、林政执法等公益性职能所需经费也要纳入地方财政预算。《中共中央 国务院关于全面推进集体林权制度改革的意见》明确规定，乡镇林业站经费纳入地方财政预算。《林业工作站管理办法》明确规定，林业站所需事业经费，根据国家有关规定纳入地方预算。林业站承担林业重点工程项目等专项任务的，下达专项任务的部门或者单位应当按照有关规定列支必要的专项工作经费。

第二节　林业站基础设施

一、建设思想

林业站基本建设是一项重要的基础设施建设，目的是改善职工的工作和生活条件。《林业工作站管理办法》明确规定，有林业生产和经营管理任务的地方，应当在乡镇设立林业站；林业生产和经营管理任务相对较轻的地方，可以设立区域林业站。《国家林业局关于进一步加强乡镇林业工作站建设的意见》明确规定，改善林业站工作条件，按照相关建设标准，全力推进标准化林业站建设，切实解决好业务用房、业务设备和必要的生产工具等工作条件问题，努力提升林业站现代化管理服务手段和能力。多管齐下，配齐林业科技推广、调查设计、护林防火、野生动植物疫病防控和社会化服务等技术装备，保障业务工作开展。编制林业站建设中长期规划，争取纳入同级政府国民经济和社会发展总体规划中同步实施。

二、建设等级

《乡镇林业工作站工程建设标准》第二章第十条规定，林业站按山区及半山丘陵区、平原及牧区两种类型划分，林业站等级标准按所管辖地区的林业用地面积及活立木蓄积量两项指标划分。划分等级时，须同时具备上述两项指标。若只具备一项指标时，则按下一级采用。林业站等级划分标准见表 2-1。

表 2-1　林业站等级划分标准

地区类型	级别	林业用地面积(hm^2)	活立木蓄积量($\times 10^4 m^3$)
山区及半山丘陵区	一级站	10 000 以上	35 以上
	二级站	3000~10 000	10~35
	三级站	3000 以下	10 以下
平原及牧区	一级站	3000 以上	10 以上
	二级站	700~3000	3~10
	三级站	700 以下	3 以下

《乡镇林业工作站工程建设标准》第十一条规定，按第十条划分的二、三级站，若符合下列条件之一者可以提高一级标准执行：

（1）辖区林业用地面积占土地总面积 60%以上的林业站；江河源头、风沙源地、珍稀野生动植物资源主要或集中分布区域等生态区位极端重要地区的林业站。

（2）由林业站负责管理或技术指导的经济林面积在 500（含 500）hm^2 以上的林业站。

（3）山区及半山丘陵区二级站的有林地面积在 8000hm^2 以上和平原及牧区二级站有林地面积在 2700hm^2 以上者，可以按一级站标准进行建设。

（4）按区域设置或作为县级林业主管部门派出机构的林业站。

（5）平原及牧区内的森林覆盖率达到国家规定的平原绿化指标要求的林业站。

第三节　林业站图表制度建设

林业站要做到科学化、规范化管理，就必须对管理过程中的各个环节建立一套相对固定的规则和程序、管理的评价和约束标准，以维护站内各项工作的正常关系。只有这样，林业站才能像一台机器一样，稳定而规则、高速而有秩序地运转。因此，林业站必须建立健全有关规章制度。

一、三制度

(一) 岗位责任制

岗位责任制是林业站各项规章制度的核心。岗位责任制的实质就是把工作责任明确落实到每个人身上，明确规定每人应负的责任，以此作为监督检查其履行责任的依据。通过落实岗位责任制，使责任既是一种压力，又是一种动力和激励，有利于调动林业站和林业站人员的积极性，推动工作顺利完成。根据林业站的岗位需要，有站长岗位责任制、营林工作岗位责任制、林政资源管理岗位责任制、护林员岗位责任制、监管护林员岗位责任制、野生动物保护岗位责任制、森防检疫工作岗位责任制、森林防火岗位责任制等。

(二) 目标管理责任制

目标管理责任制就是明确奋斗目标，并以签订责任状的形式固定下来，围绕奋斗目标进行管理。林业站可以把各项林业生产和管理任务分解成量化指标，如对组织种苗生产、造林更新、重点工程建设与管理、采伐限额管理、林政执法、科技推广和服务等工作任务，制定出量化指标，定期进行考核，年终进行评比，并按规定兑现奖惩。

(三) 廉政建设制度

加强廉政建设是反腐败和纠正行业不正之风的必然要求，是发扬优良传统、促使林业站人员全心全意为人民服务的重要保证。各地要结合新时代廉政建设要求和本地实际情况，制定林业站廉政建设制度。通过廉政建设制度的建立，对林业站人员在工作中清正廉洁、秉公办事的给予表彰，对以权谋私、违法违纪等不廉洁的行为进行监督处理。

二、两图

(一) 森林资源分布图

森林资源，包括森林、林木、林地以及依托森林、林木、林地生存的野生动物、植物和微生物。这里所说的森林资源分布图主要标注出林业站所辖范围内林木资源分布情况。

(二) 林业发展规划图

林业发展规划图是在森林资源调查和林业区划的基础上，制定林业站辖区内以发展林业为主的具有综合性的中长期计划图。通过规划，合理调整林业内部结构，建立经济与生态、社会效益同步达到的良性循环的林业生产体系。林业规划的主要内容有：林业生产条件调查，包括规划区内自然、社会经济和林业经营条件调查；林业生产基地的选建，包括用材林、经济林、防护林、能源林等基地的选建。

三、两表

（一）林业基本情况统计表

林业基本情况统计表主要以年度为统计区间，统计林业站辖区内各乡村土地总面积、林地面积、有林地面积(包括乔木林、竹林等的面积)、森林蓄积量和森林覆盖率等。林业基本情况统计表示例见表2-2。

表2-2　金井林业管理站林业基本情况统计表

乡镇（村、社区）	森林类别	林地面积（hm²）	有林地面积			森林蓄积量（m³）	森林覆盖率（%）	其中,油茶林面积（hm²）
			总面积（hm²）	乔木林面积（hm²）	竹林面积（hm²）			
全井镇	合计	12 884.4	11 681.6	11 015.3	666.3	600 487	60.2	370.7
	公益林	11 802.0	11 055.0	10 569.6	485.4			
	商品林	1082.4	626.6	445.7	180.9			370.7
沙田村		888.5	816.2	762.2	54.0	44 355	55.5	43.5
金井社区		605.5	567.7	540.9	26.8	37 386	41.7	
观佳村		1998.6	1901.7	1791.5	110.2	67 773	73.6	20.7
双江社区		269.4	147.5	145.7	1.8	9560	39.8	45.7
惠农村		809.6	720.8	692.3	28.5	38 755	57.8	25.0
农裕村		445.3	370.7	368.0	2.7	23 277	50.1	2.0
石井村		1021.7	892.3	879.1	13.2	41 175	59.6	23.5
团山村		671.9	599.5	560.9	38.6	30 327	54.8	241.0
蒲塘村		2058.9	1994.4	1850.9	143.5	108 282	80.8	
龙华山村		1182.6	1072.5	1005.0	67.5	41 870	77.7	111.1
王梓园村		783.1	645.9	622.0	23.9	39 193	58.9	73.1
湘半村		1367.7	1252.9	1142.1	110.8	74 728	59.2	2.0
金龙村		205.1	172.8	160.8	12.0	10 948	33.8	
新沙村		576.5	526.7	493.9	32.8	32 858	58.6	

(二)年度林业生产进度表

年度林业生产进度表主要以年度为统计区间,记录林业站辖区内各乡村林业生产任务数和完成数情况的表格,包括造林更新(含防火林带建设)、幼林抚育、成林抚育、毛竹示范片建设、木材生产、林业合作经济组织、造林地准备等。年度林业生产进度表示例见表2-3。

表2-3 金井镇2017年度林业生产进度统计表

项目		合计	每月累计完成任务数											
			1	2	3	4	5	6	7	8	9	10	11	12
全民义务植树数(株)		120 000			120 000									
植树造林	荒山造林(亩)	300		300										
	其他造林(亩)	240		240										
村(社区)绿化(亩)		500	60	180	260									
生态公益林资金发放(万元)														
森林保护	公益林(亩)													
	商品林(亩)	1	1											
森林病虫害防治面积(亩)		800			800									
森林火警发生起数(次)		4	2			2								

四、其他制度图表

(一)站务公开制度

站务公开制度有利于林业站更好地为林农服务,接受广大群众和社会各界的监督。站务公开的主要内容:林业站的人员及出勤情况,各项业务工作办理流程图,各项业务工作办理的条件、依据及标准,林业行政处罚和林权纠纷调处规定及处理结果等。

(二)档案管理制度

林业站应确定专职或兼职人员负责档案管理工作。凡是林业站与业务工作有关的文件、材料、合同等均属于归档范围,要统一登记归档,一般一年一归档。档案管理人员应对各类档案做到存放合理、排列有序、查找方便。建立档案借阅台账，凡借阅者，应自觉履行借阅手续，并严格遵守保密规定。档案管理制度应包含归档要求、档案保管、档案保密、档案借阅等方面内容。

　　林业站在建立上述主要制度的基础上，还应建立健全工作学习制度、财务管理制度、考勤制度、考核与奖惩制度等其他有关制度。

第三章
林业站职能和作用

第一节　政策宣传

政策宣传工作是林业工作的重要组成部分，做好政策宣传工作能够有效推动新时代林业事业改革发展。发挥林业站的宣传职能，就是要通过林业站把党和国家的林业方针政策宣传到千家万户，强化公民的法制观念，牢固树立绿水青山就是金山银山的理念，提高人们对森林资源保护、改善生态环境的重要性认识，调动全社会各方面的积极性，引导广大农村群众和社会各种力量投身于新时代林业改革发展建设。

一、工作要求

林业站地处基层一线，直接面对林农群众，要充分利用林农来办事、上山下乡、进村入户等的时间，与干部群众进行交流，及时将林业工作的新政策、新法规向广大干部群众宣传解读。林业站在开展政策宣传时，要按照政策性、针对性、时效性这三个要求。

1. 政策性

林业站宣传的内容具有权威性，在表述上要规范严谨、准确全面，符合国家林业方针政策、法律法规，让群众信得过。

2. 针对性

林业站政策宣传面对主体是群众，宣传语言应深入浅出、通俗易懂，把政策法规讲明、讲全、讲通透，让群众听得懂、记得住、用得上。

3. 时效性

政策是在一定时间内的历史条件和国情条件下推行的现实政策。不同时期，林业政策法规不尽相同。林业站要第一时间把国家林业方针政策、法律法规送进千家万户，及时解读，避免各种猜测，切实解决群众办理涉林事项的困惑。

二、工作内容

根据《林业工作站管理办法》，林业站的宣传工作职责范围是"宣传与贯彻执行森林、野生动植物资源保护等法律、法规和各项林业方针、政策"。因此，林业站要大力宣传林业重点工程、植树造林、野生动植物保护、森林病虫害防治、森林防火、涉林违法警示案例、推广林业科学技术和先进典型等内容，提高全民爱林护林的意识，增强保护森林资源的自觉性。

三、方式方法

林业站开展政策宣传的方式方法多样，一般可采取书写宣传标语、立宣传牌、办板报、编印宣传材料、出动宣传车、进村入户、召开会议等形式。林业站还可以与县、乡镇文化站（广播站）等各种媒体联合，利用电视、网络、广播、报纸、组织宣传队等开展林业宣传。

在开展政策宣传时要选择好时机，把握好力度。如在春节、清明节等节假日期间，重点宣传森林防火、野生动植物保护等工作；在春季造林时期，要及时宣传造林补贴政策、推广实用造林技术、林业病虫害防治技术等。此外，林业站要不断创新宣传形式，增强宣传教育的感染力和说服力。

第二节　生产组织

所谓组织，是指安排分散的人和事物使之具有一定的系统性或整体性。组织农村集体、个人发展林业生产是林业站的又一重要职能。乡镇林业工作的好坏，很大程度上取决于林业站组织职能的发挥情况。

一、工作要求

林业站要充分调动广大群众保护森林、发展林业的积极性，鼓励开展国土绿化活动，指导扶持林业经济合作组织，为林农提供技术服务，指导培育和利用好绿水青山，促进林农群众增收致富，推进生态惠民产业发展，让绿水青山源源不断转化为金山银山。

二、工作内容

林业站熟悉山情、林情、民情，在造林种草和生态建设中，具体承担着组织绿化工程作业设计、种苗供应、技术指导、封山育林、森林抚育等各项工作，推动国土绿化落实到农户、落实到地头。

三、方式方法

林业站开展生产组织时，可以采取广泛发动、示范引导、分类指导的方式。

1. 广泛发动

林业站要通过发放宣传资料、张贴宣传标语、借助互联网新媒体等方法，组织实施好退耕还林，开展国土绿化行动，发动广大干部群众投身于林业建设。

2. 示范引导

林业站要通过扶持林业经济合作社，建设一批示范林、样板林，推广良种良法，引导农村集体、个人和各种林业经济组织采取先进林业科学技术和科学管理，推动集约经营、规模经营、科学经营林业产业，提高林地生产力，帮助林农增收致富。

3. 分类指导

林业站要结合当地实际情况，因地制宜地制定林业发展规划，合理开发利用森林资源。组织乡村林场、林业经济合作组织和林农实施好森林经营方案，探索不同条件下的森林经营模式，变粗放经营为集约经营，提高科学经营水平，促进森林资源的可持续发展。

第三节 资源管护

森林资源是陆地生态系统的主体，是林业生存、发展的物质基础，保护和发展森林资源是林业一切工作的出发点和落脚点。林业站是森林资源管理最直接的组织者和实施者，是森林资源保护的中坚力量。

一、工作要求

森林资源是林业工作的命根子，加强森林资源管护是林业站的首要职能。林业站要贯彻落实习近平生态文明思想，实行最严格的生态环境保护制度，依法切实保护管理好森林、湿地和野生动植物资源，严格执行森林采伐限额制度，认真坚持凭证采伐，对森林采伐消耗实行全额管理，加强森林防火管理和林业病虫害防治工作，实现对森林、草原、湿地、沙化土地资源管护全覆盖，提升森林资源管护质量，保障国家生态安全和林区社会稳定，推动"美丽中国"建设。

二、工作内容

林业站处在森林资源管护工作的最前沿，在基层森林资源管护工作中承担了大量工作，主要包括依法保护、管理森林资源和野生动植物资源，依法保护湿地资源，配合县级林业主管部门开展资源调查、档案管理、造林检查验收、林业统计，配合县级林业主管部门或者乡镇人民政府开展森林防火、林业有害生物防治、陆生野生动物疫源疫病防控、森林保险和林业重点建设工程，配合、指导和管理护林员开展森林资源日常巡护等工作。

三、方式方法

林业站可以通过宣传教育、调查监测、网格化管理等方式，加强森林资源管护，守好生态红线，推进生态文明建设。

1. 宣传教育

林业站在开展森林资源管护工作时，要注重宣传教育工作，广而告之的宣传森林防火、保护野生动植物资源、保护湿地资源等，通过宣传教育让广大群众知道哪些行为是违法的、哪些行为是需要遵守的，从而减少对森林资源的破坏，教育群众共同保护森林资源。

2. 调查监测

在当前信息化水平不断提高的背景下，林业站要加大对于先进技术的应用力度，特别是遥感技术、无人机监测等新技术、新手段的使用，加强对森林防火、林业病虫害的监测，加大对林地、林木等森林资源调查力度，有效提升森林资源调查监测水平。

3. 网格化管理

林业站要协助乡镇政府和县级林业主管部门指导和管理生态护林员队伍，实行网格化管理，将管护责任落实在山头地块、落实在具体人员，做到森林资源有人巡、有人管、有人护，构牢保护森林资源的防线。进一步完善护林员职责、护林工作制度、巡山护林制度、护林防火值班制度等各项规章制度，用好这支森林资源管护队伍。

第四节　林政执法

一、行政执法依据与规范

(一) 林业行政执法依据

林业行政执法的依据有法律、行政法规、部门规章、地方性法规、自治条例和单行条例、地方政府规章、司法解释等。

1. 法律

全国人民代表大会和全国人民代表大会常务委员会行使国家立法权，制定法律。作为林业行政执法依据的法律，目前主要有《森林法》《中华人民共和国草原法》《中华人民共和国野生动物保护法》《中华人民共和国防沙治沙法》《中华人民共和国种子法》等。

2. 行政法规

国务院根据宪法和法律，制定行政法规。作为林业行政执法依据的行政法规，主要有《中华人民共和国森林法实施条例》(以下简称《森林法实施条例》)、《草原防火条例》《退耕还林条例》《中华人民共和国陆生野生动物保护实施条例》《森林防火条例》《森林病虫害防治条例》《植物检疫条例》《中华人民共和国植物新品种保护条例》《中华人民共和国野生植物保护条例》《中华人民共和国自然保护区条例》《风景名胜区条例》《中华人民共和国濒危野生动植物进出口管理条例》《血吸虫病防治条例》等。

3. 部门规章

国务院各部、委、办、局和具有行政管理职能的直属机构，可以根据法律和国务院的行政法规、决定、命令，在本部门的权限范围内，制定规章。作为林业行政执法依据的部门规章，主要有《植物检疫条例实施细则（林业部分）》《林木良种推广使用管理办法》《林木种子质量管理办法》《开展林木转基因工程活动审批管理办法》《林木林地权属争议处理办法》《大熊猫国内借展管理规定》《甘草和麻黄草采集管理办法》等。

4. 地方性法规、自治条例和单行条例、地方政府规章

根据《中华人民共和国立法法》的规定，省、自治区、直辖市的人民代表大会及其常务委员会根据本行政区域的具体情况和实际需要，在不同宪法、法律、行政法规相抵触的前提下，可以制定地方性法规；设区的市的人民代表大会及其常务委员会根据本市的具体情况和实际需要，在不同宪法、法律、行政法规和本省、自治区的地方性法规相抵触的前提下，可以对城乡建设与管理、环境保护、历史文化保护等方面的事项制定地方性法规；民族自治地方的人民代表大会有权依照当地民族的政治、经济和文化的特点，制定自治条例和单行条例；省、自治区、直辖市和设区的市、自治州的人民政府，可以根据法律、行政法规和本省、自治区、直辖市的地方性法规，制定规章。地方性法规、自治条例和单行条例、地方政府规章中涉及林业和草原管理的法律规范，是本行政区域内林业行政执法的依据。

5. 司法解释

最高人民法院针对具体的法律条文做出的属于审判工作中具体应用法律的解释，也是林业行政执法的重要依据。现行司法解释中，经常运用于林业行政执法实践的，主要有《最高人民法院关于审理破坏森林资源刑事案件具体应用法律若干问题的解释》《最高人民法院关于审理破坏野生动物资源刑事案件具体应用法律若干问题的解释》《最高人民法院关于审理破坏林地资源刑事案件具体应用法律若干问题的解释》《最高人民法院关于审理破坏草原资源刑事案件应用法律若干问题的解释》等。

(二)林业行政执法规范

为了规范林业行政处罚，保障和监督林业主管部门有效地实施行政管理，维护公共利益和社会秩序，保护公民、法人和其他组织的合法权益，林业部于1996年9月27日发布了《林业行政处罚程序规定》。《林业行政处罚程序规定》分为五章，共53条。第一章总则，规定了实施林业行政处

罚应遵循的原则；第二章实施机关与管辖，规定了实施林业行政处罚的机关与林业行政处罚案件的管辖分工；第三章立案、调查与决定，规定了林业行政处罚案件的立案、查证、处理程序；第四章送达和执行，规定了《林业行政处罚决定书》送达的方式和执行林业行政处罚决定的有关程序；第五章附则，规定了林业行政处罚案件包括的范围、本规定的解释权及开始施行的时间等。《林业行政处罚程序规定》是林业主管部门对违反林业法规的当事人实施林业行政处罚的程序依据，应当作为林业行政执法的基本规范。

1. 处罚法定

实施林业行政处罚的主体必须是法定的。林业行政执法主体是否拥有林业行政处罚权，拥有多大范围的林业行政处罚权，都要由具体法规规定。《林业行政处罚程序规定》规定，实施林业行政处罚的机关，必须是县级以上林业行政主管部门，法律、法规授权的组织以及林业行政主管部门依法委托的组织。其他任何机关和组织，不得实施林业行政处罚。县级以上林业行政主管部门，法律、法规授权的组织以及林业行政主管部门依法委托的组织的林业行政执法人员，在林业行政执法活动中应当持有并按规定出示"林业行政执法证"。

实施林业行政处罚的程序必须是法定的。实施林业行政处罚必须严格遵照《中华人民共和国行政处罚法》（以下简称《行政处罚法》）、《林业行政处罚程序规定》等所规定的程序进行处罚。

2. 公正、公开、及时

林业行政处罚必须以事实为依据，以法律为准绳。没有违法事实不得处罚。在查清违法事实的基础上，要准确地适用法律，使林业行政处罚与违法行为的事实、性质、情节及社会危害程度相当，防止该重罚的轻罚、该轻罚的重罚、不该处罚的错罚，更不能以罚代刑。涉嫌犯罪的，应当及时移送司法机关依法处理。

处理林业行政处罚案件要公开进行，接受人民群众监督，并通过行政处罚对其他公民进行法治教育。

查处林业行政违法案件，必须及时在法定期限内办结，不得久拖不决。

3. 处罚与教育相结合

实施林业行政处罚，纠正违法行为，应当坚持处罚与教育相结合，教育公民、法人和其他组织自觉守法。教育不仅要贯穿于林业行政处罚的全过程，而且要贯穿于林业行政机关的日常工作中。但教育不能代替处罚，教育必须以处罚作为后盾，对于教育无效、故意违法的行为人，应当给予行政处罚的应依法给予处罚。在处罚的同时仍然要进行教育，处罚与教育不能偏废。

4. 保障当事人权利

公民、法人或者其他组织对林业行政处罚机关给予的林业行政处罚，享有陈述权、申辩权；对林业行政处罚不服的，有权申请行政复议或者提起行政诉讼。公民、法人或者其他组织因林业行政处罚机关违法给予林业行政处罚受到损害的，有权依法提出赔偿要求。另外，根据《行政处罚法》第六十三条的规定，对于责令停产停业、吊销许可证件、较大数额罚款等行政处罚决定，当事人有要求听证的权利。在处理林业行政处罚案件时，林业行政处罚机关要充分保障当事人的这些权利。

二、林业站执法形式与内容

林业站的职能可以概括为宣传、管理、执法、组织、推广、服务六个方面，其中，执法是林业站的一项重要职能。林业站的执法形式是委托执法。所谓委托执法，是指行政机关可以根据法律、法规、规章的规定在其职权范围内委托符合法定条件的机关或者组织行使行政执法权。《行政处罚法》第二十条规定："行政机关依照法律、法规、规章的规定，可以在其法定权限内书面委托符合本法第二十一条规定条件的组织实施行政处罚。"《行政处罚法》第二十一条规定，受委托组织必须符合以下条件：一是依法成立并具有管理公共事务职能；二是有熟悉有关法律、法规、规章和业务并取得行政执法资格的工作人员；三是需要进行技术检查或者技术鉴定的，应当有条件组织进行相应的技术检查或者技术鉴定。林业站符合《行政处罚法》第二十一条规定的接受委托的条件。在林业行政执法中，县级林业主管部门可以将部分林业行政处罚权委托给林业站行使。县级林业主管部门对受委托的林业站实施行政处罚的行为应当负责监督，并对该行为的后果承担法律责任。受委托的林业站在委托范围内，以委托行政机关名义实施行政处罚，不得再委托其他任何组织或者个人实施行政处罚。

《中华人民共和国行政许可法》第二十四条规定："行政机关在其法定

职权范围内,依照法律、法规、规章的规定,可以委托其他行政机关实施行政许可"。但是,林业站不是行政机关,不能接受委托独立办理行政许可事项,只能协助县级林业主管部门开展有关行政许可,协助受理、转交材料、送达许可决定等事务性工作。

三、行政执法文书的制作

(一)使用统一的文书格式

林业行政处罚文书格式由国家林业和草原局统一制定,省、自治区、直辖市林业主管部门可以根据需要补充制定相应文书格式,并报国家林业和草原局备案。林业行政处罚文书由省、自治区、直辖市林业主管部门统一印制、统一管理。

2012年11月27日,国家林业局发布了25种林业行政处罚文书格式,具体包括:林业行政当场处罚决定书;林业行政处罚立案登记表;询问笔录;案件移送书及回执;勘验、检查笔录;先行登记保存证据通知单;抽样取证通知书;封存/扣押决定书;解除封存/扣押决定书;(鉴定/检测/评估)聘请/委托书;责令通知书;暂扣木材决定书;解除暂扣木材决定书;林业行政处罚先行告知书;林业行政处罚听证权利告知书;不予受理听证申请通知书;举行听证通知书;听证笔录;林业行政处罚意见书;不予林业行政处罚决定书;林业行政处罚决定书;没收物品清单;(驳回/批准延期/分期)缴纳罚款申请决定书;林业行政处罚文书送达回证;通用呈批表。

(二)文书制作的一般要求

为了规范林业行政处罚文书制作,正确实施林业行政处罚,2014年3月21日,国家林业局根据《林业行政处罚文书格式》,制定了《林业行政处罚文书制作填写规范》,对林业行政处罚文书的制作提出了统一要求。

制作林业行政处罚文书,应当内容完整、准确,字迹清楚,文字规范,文面清洁。

(1)填写方式。手工填写应当用蓝色、黑色水笔或签字笔填写。采用计算机制作林业行政处罚文书的,应当符合规定的格式,并经省级林业主管部门同意。

(2)书写错误的改正。如果存在书写错误,应当用杠线划去错误内容,在其上方或接下处写上正确内容,在改动处加盖修正专用印章。

(3)笔录、清单需经当事人确认。询问笔录、勘验、检查笔录、听证笔录,以及文书中涉及的清单,应当当场交当事人审阅或向当事人宣读,并且由当事人逐页书写"以上记录属实"并签名或盖章。当事人有权要求补充、修改,并在改动处签名或盖章。

(4)当事人、有关人员拒绝签名或者盖章的处理。文书需要由当事人、有关人员签名或者盖章的,应当由当事人、有关人员签名或者盖章;当事人、有关人员拒绝签名或者盖章的,应当由见证人签名或者盖章,并在文书中注明。

(5)对印章的要求。对外使用的林业行政处罚文书,必须使用林业主管部门或者法律、法规授权组织的印章。

(6)文号编写规则。林业行政处罚文书应当编写文号,文号编写规则是"行政区划名称简称+文书种类名称简称+年份+序号"。

(7)附页。林业行政处罚文书首页不够记录的,可以附页。附页应当加盖印章或经当事人签字确认。

(8)不同文书种类的同类栏目的填写要保持一致。一是案由,填写对违反林业法律、法规、规章的行为进行定性确认的案件类别,如盗伐林木案件、滥伐林木案件等;二是案件名称,由当事人姓名或名称加上案由;三是简要案情,概括案件发生的时间、地点、当事人、案件事实经过、后果等情况;四是法律依据,引用的法律依据,写明法律、法规、规章的全称及条、款、项、目,可以不写具体内容;五是行政复议机关和管辖法院的名称,要填写全称;六是时间,所有文书应署明年、月、日,特定时间点应填写年、月、日、时、分;七是数字,序号、时间、价格等要使用阿拉伯数字。

第五节　科技推广

一、科技推广的概念与基本理论

(一)林业科技推广的概念

1. 林业科技推广的含义

林业科技推广是人类进入林业社会出现的一种社会活动。纵观世界林业科技推广发展的历史，林业科技推广的含义是随着时间、空间的变化而演变的，是随着各国的历史特征、国情、组织方式的不同，所要实现的各异目标而演变的。在不同的历史条件下，林业科技推广是为了不同的目标，采取不同的方式来组织活动的。通过林业科技推广将当前最新的林业科研成果及时地送至林业生产者的手中，使得科研成果能够在第一时间得到应用并对其效果得到验证。其实林业科技推广是林业工作的一个延伸。在林业科技推广的过程中，科研成果得到了应用，同时在应用的过程中，林业生产者也可以不断地对科研工作进行进一步的深入，在应用中不断深化科研成果。纵观世界的林业科技推广，可将其分为两种类型：一类是狭义的林业科技推广，另一类是广义的林业科技推广。

（1）狭义的林业科技推广。是指对林业生产的指导，即把学校和科研机构的科学研究成果，通过适当的方法介绍给林农，使林农获得新的知识和技能，并且在生产中加以应用，从而提高效益，增加收入。狭义的林业科技推广，工作范围大都以种植业为主，针对营林活动中存在的技术问题开展活动，如容器育苗技术、造林技术、抚育管理技术、有害生物防治技术等。世界上一些发展中国家的林业科技推广多数属于狭义的林业科技推广，我国目前大多数地区的林业科技推广工作也只限于狭义的林业科技推广，侧重于生产技术的指导。

（2）广义的林业科技推广。是指把有用的信息传递给人们，然后帮助这些人获得必要的知识、技能和正确观点，以便有效地利用这些信息或技术。具体地说，广义的林业科技推广就是林业科技推广人员在林业生产的产前、产中、产后的再生产过程中，通过试验、示范、干预、交流等手段，把新科学、新知识、新技术、新技能、新材料、新信息，传播、传授给林业生产经营者，帮助他们获得必要的知识、技能和新观念，以便有效地利用这些信息和技能，发展林业生产，增加收益，促进乡村振兴和林区的经济发展。可见，广义的林业科技推广范围广泛，既包括林业各行业的技术指导，也包括林产品的运销、加工、贮藏等方面的指导与服务，还包括对林农、林区群众进行方针、政策、经营管理、市场经济等多方面的培训与教育，使他们成为发展林业、助力乡村振兴的骨干。

综合上述两种解释可以看出：狭义的林业科技推广是在林业科学技术制约林业生产的情况下产生的，它首先要解决的是技术问题，形成以技术指导为主的"技术推广";广义的林业科技推广强调教育过程,除了要解决技术问题以外,还有许多非技术问题如教育和信息服务、人的智力开发等。

由此可见,由于林业科技推广是不断发展的,林业科技推广的含义也是不断变化和发展的,其推广过程是通过组织与教育(或沟通)林农,引导林农行为自愿变革,推广目标是实现国家林业政策的需要及林农自身的需要。因此,我们可以给林业科技推广的基本概念做如下界定:林业科技推广是一种发展农村经济、助力乡村振兴的农村社会教育和咨询活动。林业科技推广是应用自然科学和社会科学的原理、理论,采取教育、咨询、培训、服务等形式和采用试验开发、推广、示范、技术指导等方法,将林业新技术、新成果、新知识、新材料、新信息,以及市场经济体制下的市场、价格、信贷、经销等知识、信息和与林农生活有关的科技知识,传播、扩散、普及应用到农村、林区、林农中去,以提高广大林农的素质,促使其自愿改变行为,改善生产条件和生活环境,增加效益,发展林业生产,把潜在的生产力尽快有效地转化为现实生产力的一种职业性活动。

2. 林业科技推广的社会功能

林业科技推广工作是以人为对象,通过改变个人能力、行为与条件,来改进社会事物与环境。因此,林业科技推广的社会功能可以分为直接功能和间接功能两类。直接功能具有促使农村林农改变个人知识、技能、态度、行为及自我组织与决策能力的作用。间接功能是通过直接功能的表现成果而再显示出来的推广功能,或者说是林业科技推广工作通过改变农村林农的状况而进一步改变农村社会经济环境的功能。因此,间接功能依不同林业科技推广工作任务以及不同林业科技推广模式而有所差异。

(1)直接功能。

①实现农村人才振兴。人才是国家振兴和社会发展的决定因素。林业科技推广工作者是在开发农村的人力资源,知识和信息的传播为农村林农提供了良好的非正式校外教育机会,也是为农村培养致富能手,从某种意义上来讲就是把学校带给了林农。

②提高农村林农的生产技术水平。这是传统林业科技推广的主要功能。通过传播和教育过程,林业技术得到扩散,农村林农的林业生产技术和经营管理水平得到提高,从而增强了林农的职业工作能力,使林农能够

随着现代科学技术的发展而获得满意的林业生产或经营成果。

③提高农村林农的生活技能。林业科技推广工作内容还涉及农家生活咨询，因此，通过教育的传播方法，林业科技推广工作可针对农村老年、妇女、青少年等不同对象提供相应的咨询服务，从而提高农村林农适应社会变革以及现代生活的能力。

④改变农村林农的价值观念、态度和行为。林业科技推广工作通过行为层面的改变而使人的行为发生改变。林业科技推广教育、咨询活动引导农村林农学习生态文明建设理念，树立致力生态建设、保护生态资源以及践行绿水青山就是金山银山理念。

⑤增强农村林农的自我组织与决策能力。林业科技推广工作要运用参与式原理激发农村林农自主、自立与自助。通过传播信息与组织、教育、咨询活动，农村林农在面临各项问题时能有效地选择行动方案，从而缓和或解决问题。林农参与林业科技推广计划的制订、实施和评价，必然提高林农的组织与决策能力。

（2）间接功能。

①促进林业科技成果转化。林业科技推广工作具有传播林业技术创新的作用。林农采用林业技术后，林业科技成果才有可能转化为现实的生产力，对经济增长起到促进作用。在林业技术创新及科技进步系统中，林业技术推广是一个极其重要的环节。

②提高林业生产与经营效率。林业科技推广工作具有提高林业综合发展水平的作用。林农在改变知识、信息、技能和资源条件以后，可以提高林业生产的投入、产出效率。一般认为，林业发展系统包括的主要因素有研究、教育、推广、供应、生产、市场及政府干预等，林业科技推广是林业发展的促进因素，是改变林业生产力的重要工具。

③改善乡村生活环境及生活质量。林业科技推广工作具有提高农村综合发展水平的作用，也就是说，具有助力乡村振兴的作用。在农村综合发展活动中，通过教育、传播和服务等工作方式，可改变农村林农对生活环境及质量的认识和期望水平，进而引起人们参与社区改善活动，以达到更高水平的农村环境景观和生活内涵，同时促进社会公平与民主意识的形成。

④维持良好的林业生态条件。林业科技推广工作具有促进农村林业可

持续发展的作用。通过林业科技推广工作，可以改变林业生产者乃至整个农村居民对绿色发展理念的认识，使其了解林业对生态环境所产生的影响，践行绿水青山就是金山银山理念，实现人口、经济、社会、资源和环境的协调发展，既达到发展经济的目的，又保护人类赖以生存的自然资源和生态环境，使子孙后代能够永续发展和安居乐业。

⑤促进农村合作组织发展。林业科技推广工作具有发展社会意识、领导才能及社会行为的效果。通过不同的工作方式，推广人员可以协助林农形成各种自主组织或合作社，从而凝结林农的资源和力量，发挥林农的组织影响力。

⑥贯彻落实习近平生态文明思想。林业科技推广工作具有传递的作用。在我国，林业科技推广系统是林业行政体系的一个部分，在某种意义上是政府手臂的延伸，通常被用来执行政府的部分林业和生态文明建设的计划、方针和政策，是习近平生态文明思想和农村生态环境建设的执行者、贯彻者、落实者，以确保国家林业或农村发展目标的实现。

3. 林业科技推广的作用与目的

（1）林业科技推广的作用。林业科学技术本身是潜在的知识形态的生产力，只有经过林业科技推广这个环节，把林业科学技术普及到林农中、应用于生产上，才能转化为直接的现实生产力，从而促进林业发展、乡村振兴，这就是林业科技推广的巨大能动作用。

①林业科技推广是林业发展机构（研究单位和院校）与目标团体（林农、农村）联结的纽带。林业科技推广工作包括科研和推广两个重要组成部分。科研是林业科技进步的开拓者，科研对林业经济发展的作用不是表现在新的科研成果创新之时，而是表现在科研成果应用于生产带来巨大的经济和社会效益之日，而科研成果在林业生产中的实际应用，必须通过林业科技推广这一纽带来实现。如果没有这一纽带，再好的科研成果也不能转化为现实生产力。同时，林业科技推广又是检验科研成果价值大小、效益高低的标准，科研成果最终应用要通过目标团体（林农、农村）的实践与检验，表现在能否解决特定的林业问题并反馈到林业研究机构和院校。

②林业科技推广是科技成果由潜在生产力转化为现实生产力的桥梁。林业科技成果是一种知识形态的潜在生产力，要把这种潜在的生产力转化为现实的生产力，需要让广大推广对象接受它、掌握它，并应用于生产实

践中，从而产生一定的经济、社会和生态效益。这种转化是通过推广来完成的。推广效果越好，转化速度就越快，质量就越高，生产力发展就越快。

③林业科技推广是提高林业劳动生产率、推动林业生产发展的直接动力。现代林业社会发展主要的动力取决于科学技术的进步，在科学技术日益进步的今天，林业劳动生产率和经济效益的提高只有通过科学技术的创新才能实现，也就是说，依赖于新科技成果的不断推广应用才能实现。

④林业科技推广是开发林农智力、改变林农行为、提高林农科技文化素质的重要途径。随着林业科学和市场经济的发展，农村需要对推广对象进行超前教育，这一工作主要应由林业科技推广人员来完成。

⑤林业科技推广是科研成果的继续和再创新。林业科研新成果大多数是在实验条件下小面积上取得的，它投入生产，有大幅度增产、增收的可能性，但也可能因自然条件和生产条件不利而出现风险，这种不确定性正是基于：一是林业科研成果是在特定的生产条件和技术条件下产生的，适于一定的范围，有很大的局限性；二是林业生产条件的复杂性，不同地区经济状况、文化技术水平的差异性等都对推广林业科研成果具有强烈的选择性。这就要求在实现科研成果的转化过程中，在成果与生产之间必须增加试验、示范、培训、推广各个环节，并进行组装配套，以适应当地的生产条件和农民的接受能力。而这个试验、示范、培训、推广和组装配套的过程，是知识形态的生产力向物质形态的现实生产力转化的过程，是知识形态的生产力的继续和实现，也是林业科技推广工作者对原有成果进行艰辛的脑力劳动和体力劳动的再创造，它不是原有成果的移位，而是在原有成果的基础上再创新。

（2）林业科技推广的目的。林业科技推广的根本目的就是发展生产力和培养林农的个人能力与素质。具体来说，一方面，在国家林业政策和林业科技推广计划的指导下，经有系统的组织和安排，在林业科技推广工作者的帮助下，施教于林农，增进林农的知识、改变态度、提高技能，以期获得好的林业经营，增加林农的收入和满足人民日益增长的美好生活需要。另一方面，在林农自愿改变行为而获得生产物质产品的同时，更重要的是需获得丰硕的精神文明成果。也就是要通过林业科技推广教育性的工作——培训、传播知识、沟通等，转变林农传统价值观为现代价值观，以适应在社会主义市场经济条件下发展林业的需要。这样，才能逐步地、有计划地把落后的小农经济改造成为现代的林业经济，把贫穷落后的农村改造成为繁荣富裕的农村。

上述这两个方面的目的紧密联系，同等重要，不能偏废。若忽视后一个目的，往往会使林业科技推广工作不能培养林农的经营能力及决策能力，很难实现物质的保证；若忽视前一个目的，往往会使林业发展成为空谈，同样不能达到林业科技推广预期的目的。

（二）林业科技推广的基本理论

林业科技推广的基本理论，在早期的研究主要是从林业科技推广的实践中总结出一些规律和方法，后来逐渐把教育学、心理学、社会学、传播学、行为科学的一些原理和方法引入，对林业科技推广的一些问题进行研究，与林业科技推广问题互相融合，最后形成一些林业科技推广的基本原理和方法论。目前世界上具有代表性的推广学理论有以下几种。

1. 技术传输理论

早期林业科技推广的技术传输理论认为：林业科技推广工作者与目标客户（林农）之间的关系是简单的技术传输关系。推广工作被看成是一种简单的干预手段，像"标枪"一样，把知识和动力投向目标客户，以此来传输知识。推广工作所关心的只是如何改善"干预"手段，重点在推广方法上，即如何通过有效的示范、培训等手段达到推广的目的。不过，策略地使用干预媒介和方法仍然是推广过程所关心的问题，因为干预仍然是有效地改变林农自愿行为的一个关键要素。但早期的技术传输理论，忽视了林农在技术传输进程中的作用，把林农作为技术传输中的劳动力和被动的技术接受者，而没有把林农作为技术决策与应用的主体技术扩散者。

2. 双向沟通理论

由于早期林业科技推广的技术传输，无论是林农的采用率还是成果转化率都不理想，都未达到推广的预期效果。虽然林农相信会从创新中获得收益，但他们仍然拒绝变革。其原因是因为目标客户个人或团体（林农个人或群体）与推广信息和方法之间存在不适应的问题，也就是说，推广的新技术及方法不适合选定的目标客户的需要。为此，林业科技推广实践提出：推广过程应该是双向沟通的过程。推广过程就是要强调解决推广人员与林农之间的双方问题。

鉴于上述理由，进入20世纪70年代，推广学理论由早期的技术传输发展到双向沟通阶段，双向沟通被看作是推广过程中的基本要素，并成为推广模式的核心，因此，提出了双向沟通理论。该理论认为：双向沟通中的"信息"与"方法"是推广过程中的两大要素，共同决定着推广工作的成效，有时"方法"比"信息"更重要，因为信息是客观存在的，而同一信息可能会得到不同林农的不同反应，必须通过沟通做好人的工作，才能使其更好地利用信息。

3. 创新扩散理论

创新扩散理论又称革新传播理论。20世纪80年代开始，美国斯坦福大学教授埃弗雷特·罗杰斯(E. M. Rogers)在研究、总结瑞安和格鲁斯"采用过程"研究的基础上，创造性地提出了创新扩散理论。这一理论的提出促进了推广学理论研究的进一步发展，并成为林业科技推广学理论的核心部分。创新扩散就是指一种新技术、新产品、新设备、新方法和观念，一旦被引入到一个社会系统(如林业系统)，就会在这个社会系统中从一个决策单位(包括个人、家庭、单位)，随着时间的推移不断地传到下一个决策单位。在社会系统里，第一个实践一项创新的人被称作创新采用者，如果某项创新为社会上较多的成员所采用，这就出现了创新的传播。创新传播对社会的进步和发展起着很重要的作用。

4. 目标团体理论

埃弗雷特·罗杰斯提出的创新扩散理论是基于这样一种假定，即认为"采用者群体"是同质性的，也就是说这一群体里的所有林农对新技术的需求是一致的。而事实上，同一群体中的林农在心理特征、年龄组合、小组行为规范、获得资源的能力以及获得信息的能力等方面都存在着差别，并非同质，而是异质性的，即推广人员所推广的"创新"对这一群体中的一部分林农是适合的，而对另一部分林农则不一定是适合的。因此，林业科技推广应该将似乎是同一群体中的人根据各种因素分成有着不同特征的不同的群体，而在每一个相对较小的群体中人们之间是相同或相似的，然后将这些不同的群体作为不同的"目标团体"，由此而提出了"用户导向"式推广模式。这种模式要求推广目标的确定要面向那些在资源、生产目的及机会方面相同的林农，不仅方法而且信息都要适应目标团体，这就要求林业研究和推广人员要有计划、有目的地认真设计自己的林业科技成果来适应所指定的目标团体。

5. 知识与信息系统理论

该理论认为，在林业科技推广工作中，研究、推广和目标团体应被视为一个系统内的连锁因素，形成了研究亚系统—推广亚系统—用户亚系统这样一个相互作用、相互联系的林业知识和信息系统。此三者的联系机制是信息沟通。林业科技推广学理论发展到这个阶段，已经达到了需要将推广看作是信息与知识系统的一个部分。

6. 混合体理论

20 世纪 90 年代，人口、技术、经济、生态和社会文化发生了巨大变革，人类进入了一个科学技术发展和多变的社会。林业科技推广结构也随之发生了变化，与林业科技推广学理论发展有关的另一个重要理论概念——"混合体"理论被提出。该理论认为：林业科技推广并不是促进林业发展的唯一因素，除去林业科技推广之外，还有科学研究，林农的地位及积极性，林业投入的供给、价格、市场、信贷、土地、劳力、资本、教育，可用资源的占有以及其他有关支持服务系统等。这些因素共同形成一个"混合体"，共同影响和推动林业科技推广工作的开展。

7. 农业推广框架理论

在林业科技推广实践和理论发展中，林业知识和信息系统（研究、推广、用户三个亚系统）是推广的核心，但是如果这个核心没有与其相适应的支持系统有效合作与协调，推广是困难的并且很少获得成功。为此，德国著名农业科技推广专家阿尔布列希特（H. Albrecht）提出了农业推广框架理论。该理论认为：在林业科技推广实践工作中，存在着一个有组织的林业科技推广框架。这个框架包括林业科技推广服务系统（指林业科技推广员、推广机构及所处的生存空间）和目标团体系统（指林农、林农家庭及所处的生存空间）。而沟通与互动是这两个系统的联系方式，使它们相互作用、相互渗透，缺一不可，形成了林业科技推广的工作范围。生存空间就是两个系统外部的宏观环境，包括政治法律环境、经济环境、社会文化环境以及农村区域环境等。这些环境因素都直接或间接影响两个系统的相互作用与渗透、工作绩效和产出。

（三）林业科技推广服务新模式

如何使林业科技得到很好的推广是当前人们所面对的问题，针对这一问题实现林业科技推广模式的创新是最好的方法之一。为了能够使林业科技推广工作得到人们的肯定，促进推广工作得到进一步深入，必须构建林业科技推广服务新模式。

1. 科工贸一体化

所谓的科工贸一体化指的是在推广的过程中，做到科研、工业生产和贸易交流有机结合的推广。这种推广模式能够很好地实现林业的集约化和产业化、市场化，能够将科研成果和市场贸易与生产的每个环节进行紧密地结合，根据市场的需要对工业生产的过程提出要求，根据相关的要求进行进一步的科研工作。推广从种植到加工的一条龙技术，使得推广模式能够为多数人所接受。

2. 林科教一体化

建立一种以政府为导向，各部门之间相互协作，社会各界积极参与的林科教一体化模式，统筹兼顾由点及面。建立林业推广工作示范县以促进林业科技推广工作的进行。

3. 社会服务化

推广工作的进行要进一步地保证其与社会的联系，在这个过程中加强推广活动的社会服务化，保证林业科技推广队伍的稳定，健全推广的网络体系，实现服务领域的一步步延伸，由简单到综合，由近及远。

4. 生产知识化

新的推广模式中要不断地加强生产过程的强化，保证生产的过程中知识化程度能够得到提高，保证生产人员的工作素质能够在推广的过程中实现量的突进。加强林业技术的培训、加强林业生产方式的教学，保证林业生产知识能够与时俱进，防止生产与科研成果之间出现脱节的状况。

二、科技推广的项目与资金管理

(一) 林业科技推广管理的概念和原理

1. 管理的概念

管理是个含义极为广泛的概念，最通俗的说法——管理就是管人理事。人类社会的发展产生了社会分工，为了协调和谐地工作，创造更多的社会财富，满足生活之必需，人类设立了各种机构。机构是由人员、资金、物质、设备、信息、时间、方法等要素所构成。管理者运用规划、组织、领导、决策和信息等基本活动，以期有效地利用机构内所有人员、资金、物质、设备、方法等，并促进相互配合，以顺利地完成此机构的特定任务和目标。管理过程实质上是一种控制过程，因为管理过程是一种自身目的和运动程序的控制系统活动。管理可以解释为根据这一系统所固有的客观规律，运用管理施加于这个系统，使这个系统呈现一种新状态的过程，以提高管理整体系统的运转效率。

林业科技推广管理首先要考虑的是宏观和综合性问题。即如何根据本地区的具体情况拟订林业科技推广发展计划，制定林业科技推广政策；如何根据本地区的特点确定林业科技推广的社会形式——推广体制；如何合理设计本地区推广系统的结构和功能；如何探索林业科技推广的群体关系，并根据上述内容进行管理。

林业科技推广人员要依靠管理者去发现并合理使用。各项推广项目要依靠管理人员去组织、安排、总结和管理，林业科技推广的资金、设备、物质要依靠管理人员去协调等，这一切都离不开管理。因此，林业科技推广管理工作直接影响到推广目标的实现，搞好林业科技推广管理工作，无论对林业科技推广大系统的宏观控制，还是对诸如人员管理、物质管理的微观系统的协调、沟通、发展都有着极其重要的意义。

2. 林业科技推广管理的作用

（1）保证推广项目的顺利进行。林业科技推广管理通过对林业科技推广人、财、物的管理，可以使人员的组成、资金的流向、设备的使用、物资的供应都向最优化的方向发展，使林业科技推广工作做到人尽其才、物尽其用、财尽其能，保证林业科技推广项目按照预定的计划和方向顺利地发展。

（2）协调关系。通过对林业科技推广工作的管理，可以协调林业科技推广人员之间、林业科技推广人员与管理人员之间、林业科技推广人员与行政领导之间的关系。这样可以使林业科技推广人员专心致志地从事自己的推广工作，减少他们的后顾之忧，充分发挥他们的聪明才智，出色地完成推广任务。

（3）促进林业科技推广工作延续不断地发展。通过对林业科技推广档案的管理、成果的管理，使得每一推广项目都有了可靠、真实的记载和客观的评价。这就为以后的推广项目提供了理论依据，促进了林业科技推广工作的延续性。同时也为林业科技推广人员的评估和考核提供了凭证，从而达到激励先进、督促后进的作用，把林业科技推广工作搞得更好，更富有成效。

3. 林业科技推广管理的原理

（1）必须贯彻系统原理。林业科技推广组织是一个复杂系统，这一系统不仅内部可以分成若干个子系统，而且又与其他系统发生各种形式的"输入"和"输出"，同时还处在一个更大的系统的统一范畴内。为了达到最优化的管理，必须依据系统论的基本原理，按照本系统的目的，有计划地安排人、财、物、信息和时间，系统运筹，做到层层负责、有条不紊。

（2）依据能级原理进行管理。现代林业科技推广管理必须将林业科技推广组织建成一个合理的能级结构，使管理的内容动态地处于相应的能级中，每一管理能级都能在其位，谋其政，行其权，尽其责，取其值，获其荣。把具有高瞻远瞩和战略眼光，有出众的组织才能，善于识人用人，善于判断、决断，有事业心和有积极进取心的人培养成林业科技推广组织中的领导者；把思想活跃，思维敏锐，知识兴趣广泛，接受新鲜事物快，综合能力强，敢于直言不讳的人培养成信息反馈人才；把正派、公道、铁面无私、熟悉业务、联系群众的人培养成监督人才；把忠实坚决、埋头苦干、任劳任怨的人培养成执行人才。只要林业科技推广组织中配齐这四类人员，我们的组织就会充满生气，从而达到有效的管理。

（3）依据弹性原理进行管理。林业科技推广工作受到林业科学固有特性的影响，周期长，受自然影响大。因此，在安排人、财、物时必须留有充分的余地，使管理保持充分的弹性，以及适应随时可能出现的变化，才能有效地实现动态管理。

（4）用行政、经济和思想工作相结合的原理进行管理。运用行政、经济手段在林业科技推广管理中是必不可少的，但是必须与深入细致、开诚布公的思想工作相结合，以尊重、爱护人为前提，采取必要的行政、经济方法来进行管理。根据不同的时期、地点、对象采用相应的方法，并不断地总结经验教训，逐步完善，使林业科技推广组织成为一个团结互助而又富有个性思维环境的组织，使每一个推广人员都能竭尽全力地为实现推广目标而奋斗。

（二）林业科技推广项目管理

林业科技推广项目管理是在林业科技推广总体计划制定后的具体管

理，是推广计划得以落实的保证措施之一，是林业科技推广管理的重要组成部分。

林业科技推广项目的管理要兼顾林业自身的特点，由于林业生产周期性长，短期内经济效益不明显，因此，在项目的选择上要做到长短结合，以短养长，使之尽快地获得经济效益，保证目标的实现。另外，林业科技推广项目的管理具有学科上的综合性和管理上的系统性，因此，在管理上还必须把整个项目的协作攻关看作是一个大系统，应用系统的方法进行管理。

1. 林业科技推广项目的选择原则和依据

（1）林业科技推广项目的选择原则。林业科技推广项目的选择要遵循以下三条原则：一是要贯彻党和国家的科技方针、政策。选择林业科技推广项目必须贯彻党和国家的科技方针，要面向经济主战场、面向林业生产，能促进林业生产力的提高。二是要根据生产的需要和可行性。选择林业科技推广项目要考虑社会、经济发展的需要和实现的可能性。一切林业科技推广项目都是为林业生产服务的，是为满足国民经济、社会发展的需要、保护人类赖以生存的生态环境的需要。正因为这种需要，就要分析在科技成果的推广过程中，实现目标有没有可能性，是否具备各种客观条件，如人员的组成、物资器材、仪器设备、图纸资料、实施的方案、社会经济文化环境、林农的心理期望等。三是要具备先进性、成熟性和实用性。先进性是指在技术原理、技术路线和实施的方法、效果方面，比同行业现有的技术、工艺、方法、品种、质量和成本等，都有突破、改进和提高，应用到林业生产中，能促进科技进步，提高经济效益，促进国民经济发展。成熟性是指试验和观测数据完整齐全，工艺设计资料、图纸完备，产品性能稳定可靠。推广的技术经过试验点、示范区的推广，效益明显，能够产生辐射作用。实用性是指紧密结合生产、符合各级林业部门推广计划要求，满足林业科技推广拨款、贷款的意向，能够在改善国家生态环境中，在国家重点林业建设工程中，在兴办绿色产业、引导农民脱贫致富中发挥作用。

（2）林业科技推广项目的依据。

①社会发展需要。从广义上讲，社会发展就是社会进步。从狭义上讲，社会发展是从传统社会向现代社会的变迁过程。单纯的经济增长不等

于社会发展，它包括经济、社会结构、人口、生活、社会秩序、环境保护、社会参与等若干方面的协调发展。最主要的是人的发展、现代科技的普及等。

在林业推广活动中必须有计划、分步骤、分行业开展各种各样的推广工作，即以不同的推广项目有计划、有目的地对新成果进行传播和应用，实现提高林业生产水平，为城乡增加农副产品、提供林果产品和工业发展的原料以及提高林农素质的长远社会发展目标。同时，由于不同的历史发展时期和不同的发展区域，社会发展所需要解决的关键问题和目标有所不同，使得推广项目计划又具有时效性和区域性。所以，在林业科技推广项目的选择上，既要考虑当前又要兼顾长远，满足社会发展的总体需要和维持社会的持续发展。

②市场需要。在林业推广过程中，有时会发现其生产的产品并非市场所急需，或某类产品有供过于求的问题，或产品附加值太低，不利于继续实施该项目，因此需要充分考察国内外市场的需求状况，确定目标市场，并对目标市场进行细分，进而实施不同的林业科技推广项目，达到增产增收或其他推广目标。

③林农需要。林业科技推广项目的开展，主要目的是为了发展农业、林业生产，改善人民生活，但最直接的受益者还是林农。因此，在制订任何林业科技推广项目计划前，均需要考察农村、访问林农，了解林农的需要层次、当前和长远的需要，在结合国家发展需要的同时，尽量满足林农的需要而开展相应的林业科技推广项目，使林农得到真正的实惠。否则，林业科技推广项目计划就会成为无本之木、无源之水。

④专家意见。在制订林业科技推广项目计划时，除了要考虑社会发展需要、市场需要和林农需要之外，还应该对项目计划组织专家进行充分的论证，考察项目的可行性和适应度以及进行风险预测和回避。因为不同领域的专家具有不同的专长，在某方面具有其独特的见解，经过专家论证的项目才会使最终实施的项目具有重大意义。因此，制订林业科技推广项目计划一定要考虑专家的意见。

2. 林业科技推广项目的选择和确定

林业科技推广项目的选择一般要经过项目申报、项目可行性研究、项目论证三个程序。项目申报一般有固定的模式，要求明确推广项目名称，鉴定时间、组织鉴定单位、成果完成单位、成果的主要内容和技术经济指标，计划推广的地点、规模及经济效益，技术依托单位、主要参加单位名称、成果情况，申报项目的理由及详细内容，推广措施等。项目可行性研究是对各种技术方案、建设项目的技术先进性、经济合理性、方案可行性进行综合分析、论证、评价，以期得到最佳选择的一种工作方法。项目论证是应用技术、经济分析的方法，由决策机关组织专家对申请推广项目的单位所提交的项目可行性研究报告的可靠程度做出评估。进行项目论证与项目可行性分析的理论基础、内容、使用的基本方法和要求基本一致。没有项目的可行性分析，就不可能进行项目的论证；同样，项目不经过论证，项目的可行性分析也不能最后成立。

经过论证后的推广项目，就转入评议、决策、最后确定的阶段。确定推广项目的决策部门，在项目论证的基础上，要进一步核实国内、国外的信息资料、市场情况以及林业生产的现实，根据国家林业技术政策，征询专家意见，本着先进、成熟、适用优先入选的原则确认推广项目。

3. 林业科技推广项目的来源

无论开展何种林业科技推广项目，均需要相应的成果和技术做支撑。如何获得相应的成果和技术、获得什么样的成果和技术就成为制约项目计划与实施的瓶颈和关键。一般地说，可以考虑以下几个方面。

（1）科研成果。经过科学家长期对某些领域的科学实验或试验研究，取得经过实践检验和证实的，并通过某种方式的鉴定，而且具有较好的经济、社会和生态效益的某项成果，如果适宜于当地并可操作，就可以作为项目计划的首选主体技术和成果推广应用。

（2）农民群众的先进经验。在制订林业科技推广项目中，有时候也可以将农民群众多年实践得到的高产、高效经验加以利用并作为推广项目实施。因为农民的先进经验已经被实践所证实，在一定的区域具有极广的适应性和采纳群体，也没有任何风险。

（3）技术改进成果。在制订林业科技推广项目计划时，所选择的成果和技术并不一定总是最新的、与原有成果和技术完全不一样的科研成果，也可以采用那些对原有成果和技术做过一定改进，在某些方面或所有方面有所突破，并经过实践的检验或通过一定方式鉴定的成果。

（4）引进技术。在制订林业科技推广项目计划时，如果国外有比较先进的技术，可以采取技术购买、合作开发、项目合作等形式将技术引入，并进行示范推广。

4. 林业科技推广项目的管理方法

林业科技推广项目管理的方法很多，下面列举了常见的六种管理方法，有些项目以一、二种管理方法为主，但很多项目全面结合了全部管理方法。在实践中要灵活利用这些方法，确保项目高质量地完成。

(1) 分类管理。林业科技推广项目种类繁多、特点各异，因此分类管理十分必要。所谓分类管理是根据推广项目的不同特点，按行业、部门、学科、专业项目来源和推广时间不同等进行分类，按照类别采取不同的管理方法及组织实施。

(2) 分级管理。各级林业科技推广部门均根据各自的情况制订各自的推广计划，安排各自的林业科技推广项目，这些项目的管理一般按下达的级别进行管理。我国目前在推广项目的管理上分国家级、部委级、省级、地(市)级、县级。一般情况下，上级推广部门对下级制定的推广项目只备案，不进行管理，下级对上级下达的推广项目要进行管理，但只是整个推广项目的部分管理。推广项目执行中的修正方案要报上级管理部门批准。推广项目结束后，档案材料正本要呈交上级推广部门，自己只留副本。

(3) 封闭管理。所谓封闭管理就是指林业科技推广项目的管理是一个全过程的管理，推广项目从目标制定、下达部署、组织执行、反馈修改方案等直至实现目标都要进行管理，形成一个封闭的反馈回路。任何一个推广项目的管理，有头无尾，或只有方案、无反馈，或没有修改方案，都将形不成封闭回路，很难达到预定目标。

(4) 合同管理。林业科技推广项目计划制订以后，项目承担单位均要与项目下达单位和项目主持单位签订项目执行合同。在此合同的基础上，项目主持单位和主持人还要进一步与项目协作单位和承担项目的主要科研人员签订二、三级合同，在各级合同中要明确各自的职责、任务目标及违约责任等方面，项目实施则完全依赖于本合同进行管理。

(5) 承包管理。由项目承担单位承包推广项目，明确技术经济责任，责、权、利结合，签订合同。这种办法有利于调动推广人员的积极性，有利于提高仪器设备、物资、资金的利用率。建立岗位责任制是项目承包的基础，承包单位和推广人员还可签订二级合同，建立卡片，定期考核，考查项目执行情况。项目承包到期要根据完成情况，按合同兑现奖罚。

（6）综合管理。根据推广项目在科学上的综合性特点和我国行政技术管理体制的现状，林业科技推广项目可实行综合管理。所谓综合管理即在推广项目管理过程中实行政技结合、物技结合、多学科结合、多种管理方法结合，进行多因子的综合管理。

5. 林业科技推广项目的管理程序

林业科技推广项目的管理程序，应运用系统的方法抓好各个环节的连接配合，进行有效调节控制，以达到预期的目标。推广项目的管理程序如下。

（1）确定项目的学术负责人和该项目的管理单位。这是完成推广项目的先决条件。项目负责人除了具备同本项目有关的学术专业知识外，还要求对本项目的政治、经济意义和方针、政策有较深刻全面的了解，同时还要有较丰富的组织管理能力，能发扬学术民主、调动本项目参加成员的积极性。管理单位推广项目的负责人，应该是能与学术负责人密切配合、识大体、顾大局、善于运筹帷幄的实干家，同时又能善于机动灵活地做好后勤保证工作，对整个项目能起到组织协调作用。这样使整个项目既有较强的学术领导，又有一个权威的指挥系统，以保证推广项目的顺利进行，直至成功。

（2）确定项目的总体实施方案。推广项目学术负责人根据下达项目单位和有关单位的要求，提出一级课题并阐明它在项目中的地位、意义以及相互之间的关系，提出总体实施方案初稿，由下达单位主持召开方案论证会，进行同行评议。

（3）确定各级课题承担单位并进行方案论证。推广项目总体方案论证后，以招标或指定方式征求各级课题承担单位，并由项目的学术负责人和管理单位主持召开课题方案论证会，对技术方案的先进性和可行性，完成周期是否适应总的任务要求，投入的技术力量水平，以及对经济效益、社会效益、生态效益的预测进行审查比较。

（4）签订协议书或合同书。在推广项目总体方案通过批准后，由管理单位及该项目的学术负责人或承包集团和下达项目的单位签订协议书或合同书，将技术要求、目标进度、经费核算、任务期限和成果处理以及双方应承担的责任和义务等明确规定下来，作为双方共同遵守的原则。为保证项目总体方案的执行，项目负责人或项目承包集团，还可与本课题负责人签订二、三级技术合同或责任制合同。

（5）按照推广方法组织实施。根据项目技术方案要求，编写、印刷项目技术资料，摄制电视讲座，向林业生产者宣传项目的内容，对林业生产者进行培训。各级推广人员做好示范样板，组织好参观活动，同时注意进行巡回指导并及时听取林业生产者的反映（双向沟通）。

（6）推广项目实施中的检查、反馈及方案修订。组织管理单位应经常协助技术负责人检查项目执行情况，协调各课题在执行过程中互相适应，以保证项目的顺利进行和参加单位的有效合作。在检查中还要注意对推广效果进行评估，发现问题及时反馈，修正技术方案。

（7）验收阶段成果和最终成果。一些林业综合性开发的推广项目，往往由若干个子课题组成，各个子课题不可能同时结束，有的需要进行阶段性验收，因此，组织管理单位要及时主持、邀请同行专家进行现场参观、评价，进行阶段验收。待项目完成后，要由项目下达单位主持，邀诸同行专家进行项目验收鉴定。

（8）申报评奖。项目结束后已达到了预定目标，要由项目负责人或承包集团组织有关材料向科技成果管理单位申报评奖。

（9）兑现合同。签订项目承包合同的双方，根据项目执行结果和合同所定条款，实行奖罚兑现。

（10）整理档案。项目负责人在推广项目结束后，将项目有关技术资料按技术档案管理要求，认真整理，交付存档。

6. 林业科技推广项目的管理工作内容

（1）对项目进行前期调查，收集整理相关资料，制定初步的项目可行性研究报告，为决策层提供建议。协同配合制定和申报立项报告材料。

（2）对项目进行分析和需求策划。

（3）对项目的组成部分或模块进行完整系统设计。

（4）制定项目目标及项目计划、项目进度表。

（5）制定项目执行和控制的基本计划。

（6）建立项目管理的信息系统。

（7）控制项目进程，配合上级管理层对项目进行良好的控制。

（8）跟踪和分析成本。

(9)记录并向上级管理层传达项目信息。
(10)管理项目中的问题、风险和变化。
(11)建设项目团队。
(12)协调各部门、各项目组并组织项目培训工作。
(13)考核项目及项目经理。
(14)理解并贯彻本单位长期和短期的方针与政策，用以指导本单位所有项目的开展。

(三)林业科技推广资金管理

林业科技推广资金管理是指对林业科技推广活动中所需各种资金的筹措、使用、分配、消耗和收入，进行科学的预测、计划、控制、分析和评价的一项经济管理工作的总称。林业科技推广资金是林业科技推广管理活动中的重要内容之一，推广资金的筹措、正确使用及合理分配直接关系到林业科技推广活动能否顺利开展。由于林业科技推广资金是林业技术与信息相结合的重要载体，因此，管理好林业科技推广资金是林业科技推广重要活动的内容之一。

1. 林业科技推广资金的筹措

(1)筹措原则。任何林业科技推广工作都离不开资金，资金是推广活动的重要保证。林业科技推广资金筹措要遵循以下四条原则。

①最低需求原则。即以满足林业科技推广活动所需最低资金的数量，作为筹措资金的数量指标。资金筹集的数量并不是越多越好，应根据需要有计划地筹措，以免资金的闲置和积压，造成资金时间价值的损失；但也不是资金越少越好，资金筹措不足，就满足不了林业科技推广工作的需要，从而影响林业科技推广活动的正常开展。

②高效投入原则。即把创造良好的投资环境和效益作为争取资金的基础。

③得利保本原则。即在使用有息贷款资金时，应把利息率低于林业科技推广的收益率作为筹措资金的标准。

④统用统筹原则。即在筹资过程中，必须统筹考虑与项目有关的各种资金需要，如设备、物资、培训、试验、考察以及其他活动经费等。

(2)来源渠道。为了保证推广资金的落实，国家为地方规定了多渠道的资金来源方式，主要形式如下。

①国家财政预算拨款。每年国家财政部门根据比较固定的预算比例（主要是中央和省级）以拨款方式向推广部门拨付的经费，包括林业科技推广事业费、推广基本建设费、推广需要的定额流动资金。这是推广部门资金的主要来源，也是国家为扶持林业科技推广事业的无偿投资。

②国家推广专项拨款。国家和地方财政部门，通过一定资金渠道拨付给推广部门的某些特定项目资金，如技术培训费、重大推广项目专项资金、某些专项基本建设资金等。

③科技三项资金。国家为了促进科学技术进步，而建立起来的新技术试验和示范项目费、中间试验费和重要林业科学研究补助费用于推广的部分。资金主要来自国家、省、地级科学技术业务主管部门。

④林业科技推广基金。林业科技推广基金主要包括国家从财政收入中直接拨款用于建立专项推广基金；为了发展林业生产，从林产品经营部门的营利部分中征集的用于林业科技推广的资金等。

⑤扶贫资金。这是中央和地方财政扶持贫困地区资金中用于林业科技推广的部分。有拨款、贷款、周转金三种形式，主要用于贫困地区的林业技术开发和改进。

⑥银行贷款。在林业科技推广中，如果资金不足，国家财政也无力解决，可以从林业银行直接申请贷款。林业贷款是一种借入资金，在推广系统流通领域里进行循环，到期还本付息。但由于林业科技推广主要产生社会效益，难以还本付息，所以银行贷款一般只用于经营性服务项目。

⑦自筹资金。推广部门为了解决推广经费不足的问题，可以通过多渠道筹集资金。主要来源有：地方企业收入中以工补农用于林业科技推广的部分；林业部门自己经营收入中用于林业科技推广的部分；通过社会集资用于林业科技推广的部分；技术推广人员开展有偿服务和技术承包的费用。

⑧引入工商资金。林业生产为工业和商业部门提供了大量的原材料和半成品，销售了大量产品，因而可以引入与林业有密切联系的工、商业部门的资金用于推广，如新农药、新化肥的试验、示范费等。

⑨引进国外资金。林业科技推广部门在国家规定的范围和允许的条件下，通过直接借款、无偿或低息援助、合资经营、合作经营、补偿贸易、来料加工等方式吸收和利用外资。

2. 林业科技推广资金的用向

林业科技推广资金的使用范围很广,大致有以下几个方面。

(1)推广项目的活动经费,用于林业科技推广的组织、考察、宣传和培训,以及试验、示范等工作。

(2)用于科技人员补助,农民的损失和购置试验、示范用品,如种子、苗木、化肥、农药等。

(3)用于建立推广中心、培训中心、试验测试中心等基本建设。

(4)用于举办培训班、经验交流会、学术会议,购置资料和人员进修等。

(5)用于购置林业科技推广中试验、化验、考察、宣传等所必需的仪器、设备。

(6)用于推广资料的编写、印刷,论文版面费等。

3. 林业科技推广资金的管理原则

(1)专款专用原则。林业科技推广资金是确保新成果、新技术应用到林业生产中去的重要基础条件之一,推广资金如何使用关系到科技成果应用的成败。国家为保证林业新技术的应用,拨付给推广部门一定的资金用于扶持林业科技推广。这就要求在推广资金中要专款专用,不能任意挪用,才有利于重点项目的完成。

(2)最佳效益原则。林业科技推广资金的投入,最终目的是使林业科技推广取得最满意的社会效益、经济效益和生态效益,要立足以小的投入取得大的经济收入的目标。从资金的使用上要考虑效益的高低,确保那些效益高的项目有足够的资金使用

(3)分类管理原则。林业科技推广资金的来源是多渠道、多方面的,不同形式的资金虽然其来源不同,但总的目的都是为了林业科技推广,其使用要分门分类。如国家拨款的使用、银行贷款的使用、引入外资的使用,各自要有计划、方案和使用方法。

(4)重点投放原则。我国现有的林业科技推广资金,就其数量上来说,远远不能满足林业科技推广工作的需要,因此,这就要求在资金的投放上保证重点推广项目,尤其是那些对林业生产起着举足轻重的项目要敢投、多投,切忌"撒胡椒面"。

4. 林业科技推广资金的管理内容

林业科技推广资金管理主要包括固定资金和流动资金两个方面。

(1) 固定资金管理。固定资金是固定资产的货币表现。固定资金的管理就是合理地使用和保管固定资产，延长其使用寿命，充分发挥其效能，提高利用率。对固定资金的管理，应严格按照国有资产管理办法和有关规定进行。要求做到以下几点：一是实行固定资产保管使用责任制度；二是建立固定资产增减移动的审批制度；三是建立正确及时计提固定资产折旧制度；四是采取固定资产的维修保养制度；五是科学合理地核定固定资产的需要量，以便节约、合理和有效地安排使用固定资金；六是编制固定资产目录；七是建立固定资产登记簿和卡片；八是定期清查和盘点固定资产。

(2) 流动资金管理。流动资金的原始形态是货币资金，随着推广活动的进行而全部被消耗掉。一般它的价值转移到技术服务中去，如果可能会再由相应的收入进行补偿。

林业科技推广的流动资金管理，主要是对用来进行推广活动的那部分资金的管理，分为人员经费管理、专项资金管理、自筹资金管理。

①人员经费管理。人员经费是国家预算的资金，对这部分资金管理，从 1980 年以来一直采用"经费包干，综合管理"的管理办法。这种管理办法是由同级财政管理部门视财力情况和部门业务量需要，在年初按在编人员一次核定到部门，实行总额包干、超支不补、结余留用。这种办法是财政体制的一次改革，可以调动各级领导管家理财的积极性，促进了增收节支，改变了过去吃"大锅饭"的供给制，提高了经济效益。

②专项资金管理。专项资金是预算内资金，在管理上要本着重点投放、集中使用、钱物结合、讲究实效的原则。在管理方法上，根据内部各部门任务的大小，采取明确分工，建立事业项目经费包干责任制的管理方法。主要采取按项目包干经费，让项目负责人员掌握使用，事先做出用款计划，明确投资金额及去向，报上一级领导核批才能使用。为加强项目经费的管理，各项目要建立专项账目，拨款采取分次拨款的办法，即年初拨一部分，项目完成后拨一部分，以利资金的合理使用。

③自筹资金管理。自筹资金属于预算外资金，这部分资金既可用作固定资金，也可用作流动资金。在使用上，推广部门有一定的自主权，但不是说这部分经费可以任意支配。在财务管理上，采用由财政专户储存（计划管理、财政审批、银行监督的办法），合理使用。

三、科技推广的分类与方式方法

(一)林业科技推广方法的分类

林业科技推广方法是林业科技推广部门、推广组织和推广人员,为达到推广目标所采取的不同形式的组织措施、教育和服务手段。林业科技推广工作是一项复杂的工作,不同推广方法,对推广费用和成果有直接的影响。随着科学技术的进步,推广方法日益丰富,在林业科技推广工作中可供选择的推广方法也越来越多。林业科技推广方法的分类有多种方式,但最常用的一种是按照传播方式的不同,将其分为三类:大众传播法、集体指导法和个别指导法。

1. 大众传播法

大众传播法是林业科技推广者将技术和信息经过选择、加工和整理,通过大众传播媒体传播给广大林农的推广方法。

(1)大众传播媒体的特点。

①大众传播媒体的优点。一是传播的技术和信息权威性高。通过大众传播媒体传播的技术、信息是经过加工整理而传递的,还附有发行机构的声望,其技术、信息具有很高的权威性。二是传播的技术和信息数量大、速度快。大众传播媒体,如印刷品可印刷若干份,广播稿件可多次广播,电视、电影可在全国各地播放,广播、电视、电话、互联网等在短时间内可传遍全国乃至全世界。有的信息需要以最快的速度传播至全国,如大风降温预报、森林火灾、有害生物预报等,只有通过这一方式才能实现。三是信息传播成本低、效率高。大众传播媒体传播速度快、范围广,即单位人力、物力的投入可获得广泛的推广和众多的接受者,是提供信息最廉价的渠道。

②大众传播媒体的缺点。信息传递方式是单向的。大众传播媒体,如印刷品、电视、电影的信息传播是单向进行传播的,由一方传到另一方,无法做到发出信息者与接收信息者面对面地双向沟通。

(2)大众传播媒体的类型及特点。大众传播媒体分为印刷品媒体、视听媒体和静态物像媒体三大类型,并各有特点。

①印刷品媒体及特点。依靠文字、图像组成的林业科技推广印刷品媒体包括报纸、书刊和活页资料等。这些读物可以不受时间限制,供林农随

时阅读和学习，可以根据推广项目的要求提前散发，能较及时、大量、经常地传播各种林业信息。

● 报纸、杂志。报纸传播的对象广，速度较快，信息容量比较大。推广人员可通过报纸报道下列文章：重要推广活动，如调查研究、参观考察、演讲会议等；各种与推广有关的信息，如科研成果、推广成果、典型经验、市场信息、统计数字；特写文章，较详细地介绍信息背景。杂志与报纸相比，具有容量大、内容丰富、系统的特点，但一般周期较长，没有报纸传播速度快。

● 墙报。墙报具有体裁广泛、形式多样的特点。内容可长可短，时间可根据要求而定，省时省力，适合于林业科技推广在一定区域传播的特点。墙报具有传播面较小的缺点。

● 黑板报。黑板报是一种经济实用的推广普及手段，具有实用、实际、实效的特点。黑板报要注意根据生产和推广的需要，抓住关键技术，以简明扼要的方式进行介绍，也可进行科技知识的连载。要注意勤写勤换，图文并茂。

● 书籍。书籍是一类系统地介绍某方面的专业理论和技术的媒介，具有专业性强、周期性长、更新慢的特点。书籍特别适合于了解某专业理论和技术的系统发展，适合农业推广教育中理论和技术系统培训等方面。

②视听媒体及特点。林业科技推广活动中的声像传播，是指用声、光、电设备进行现代化装置的广播、幻灯、电视、录像、电影、计算机、手机等电子设备宣传林业科技信息。这种宣传手段，比单纯的语言、文字、图像（绘画、照片）有着明显优越性。

● 广播。广播是依靠声音传递信息，其传播速度快，适于传播较简单的讯息，如天气预报、有害生物警报、宣传林农典型的成功经验等。

● 电视。运用电视节目开展林业技术专题讲座，介绍新信息、新品种、新产品，宣传新技术成果等，影响面大，效果好，是一种理论联系实际的有效手段。

● 录像。林业科技推广人员常把示范的过程、重要的专题报告或专家讲话用录像的形式记录下来，以便长期保存、反复使用，是传播林业技术又一有效手段。

● 电影。电影能将人物声音、图像、色彩结合在一起，经过复杂调控过程后放映，对人们吸引力大，深受广大林农欢迎。

● 网络。作为现代传媒技术，网络是林业科技推广极为重要的沟通与传播渠道。它具有集合语言、文字、声音、图像于一体的特点，承载容量大、传播速度快、更新及时，而且可以实现信息传播者和接收者之间的互动。例如，利用手机可查阅培训资料、收看视频、收听培训内容，而且非常的直观、便捷，不受时间、地点限制。

(3)大众传播法的应用。在林业科技推广活动中，要根据大众传播不同媒体的不同特点和林农采用新技术的不同阶段，充分考虑当地实际、林农的素质，灵活选择合适的传播媒体，提高林业科技推广的效果。

一般来讲，大众传播法适用于以下几种情况。

①介绍林业技术方面的新技术、新产品和新成果，提高广大接收信息者的兴趣和认识。

②传播具有普遍指导意义的技术信息和具有重大效益的信息。

③及时发布天气预报、有害生物预报、自然灾害警报等时效性强的信息，并提出应采取的具体防范措施。

④针对多数林农共同关心的生产与生活问题提供咨询服务。

⑤宣传有关的农村政策与林业法规。

⑥介绍推广成功的经验，以扩大影响。

2. 集体指导法

集体指导法又称团体指导法或小组指导法，即在同一类型、同一地区、相同的生产和经营方式的条件下，推广人员把情况相同或相似的一些林农组织起来，采取小组会议、示范、培训、参观考察等方法，集中地对林农进行指导和传递信息的方法。

(1)集体指导法的特点。

①集体指导法的优点。一是指导范围相对较大，涉及的范围较多，有利于提高推广效率和经济效益。二是信息传递方式属双向交流，能及时得到反馈信息。三是有利于展开讨论或辩论，达到一致的意见。

②集体指导法的缺点。在短时间内难以满足每个人的特殊要求。由于集体指导法注重整体性，在短时间内只是对每个成员共同关心的问题或感兴趣的事情进行指导或讨论，对某些人的一些特殊要求则无法予以满足。

(2)运用集体指导法的要求。

①对推广对象的要求。选择参加集体指导法的对象必须是对同一类问题感兴趣的人,这样有利于在讲授、示范、讨论过程中形成共同的语言和兴趣。

②对时间的要求。选择每个成员都能参加的时间。确定时间时,推广人员与林农要进行协商,多数人同意后,就把集体时间确定下来,利用各种方式通知每位参加者,尽量保证全部参加。

③对方法的要求。集体指导法的形式较多,方法的选择要根据推广培训的内容和林农对这一技术认识、掌握的程度而定。选择能解决问题的最有效方法,有时根据要求可以两种或几种方法结合,穿插进行,如讲座与参观考察、小组会议与示范相结合等。

④对方式的要求。集体指导法必须是讨论参与式的,这也是该推广方法的最大特点。必须引导、提高林农的参与意识,只有当每位成员充分参与到该组织中来,并敢于发表自己的见解,才能使这一形式更加活泼,更具有吸引力,从而达到理想的效果。

(3)集体指导法的应用。集体指导形式很多,有培训班、示范、小组讨论、集会、现场观摩等。

①培训班。集中一段时间,把与推广项目有关的人员组织起来,就推广项目过程中有关的问题集中培训。培训以教学为主,从教学的内容、方法、手段以及教学活动的组织等方面都要做出周密的计划与安排。在培训过程中,要多讲怎么做,少讲为什么。

②示范。示范包括成果示范和方法示范。成果示范是指林业科技推广人员指导林农把经当地试验取得成功的某一新技术、新品种、新成果等,按照技术规程要求加以应用,将其优越性和最终成果展示出来,以引起他人的兴趣并鼓励他们仿效的过程。方法示范是指林业科技推广人员把某项新方法通过亲自操作进行展示,指导林农一面看、一面听并加以亲自实践的过程。

③小组讨论。小组讨论是所有推广方法中采用最多的一种,一般采用林业专题讨论和非正式讨论交流两种方式。小组讨论需要经过设计、组织、讨论、总结等阶段。通过小组讨论,可以使大家共同关心的问题达成共识,参加者可以互相学习、交流经验,在会上可以听到各种不同的见解,从而提高自己分析问题的能力。对推广人员来说,至关重要的是通过

小组讨论，不断引导参加者改变他们原有的态度和做法。小组讨论不足之处是花费时间较多，只有在分组规范较小的情况下，讨论才会有效地进行。一般小组讨论的适宜人数在 6~15 人，最多也不应超过 20 人。

④集会。集会种类很多，目前还没有一个统一的分类法。常用的有以下三种形式：一是经验交流会。邀请推广项目的先进典型代表、劳动模范、科技示范户、先进林农介绍他们的经验、做法及体会，达到传播技术和经验的目的。二是林业专题讲座。定期用广播或报告会的形式，就推广项目的技术问题进行讲解，或提供有关信息和技术专题知识。三是评比会。在项目实施结束或取得重大阶段成果后，邀请若干名专家对项目实施取得成果进行评议，划出等级，进行奖励。

⑤现场观摩。组织林农到先进的地点或单位进行参观和学习，是通过实例进行推广的重要方法。通过参观学习，林农看到和听到一些新的技术信息和成功经验，不仅增长了知识，而且会产生更大的兴趣。每次现场参观结束，要组织林农进行讨论和评价总结，为今后现场观摩提供经验。

3. 个别指导法

个别指导法是推广人员和个别林农接触与沟通，讨论共同关心或感兴趣的问题，并向林农提供信息和建议的推广方法。

（1）个别指导法的特点。

①个别指导法的优点。一是针对性强，能具体问题具体分析。林农的情况千差万别、各不相同，个别指导法有利于推广人员根据不同的要求，采取不同的方式、方法，做到有的放矢，适应其个别要求，使个别问题得到解决。从这个意义上来讲，个别指导法正好弥补了大众传播法和集体指导法的不足。二是解决问题的直接性。推广人员与个别林农或家庭直接接触，通过平等地展开讨论、充分地交流看法、坦诚地提出解决问题的方法和措施，使问题及时得到解决。三是沟通的双向性。推广人员与林农沟通是直接的、双向的。一方面，有利于推广人员直接得到反馈，了解真实情况，掌握第一手材料；另一方面，能促使林农主动地接触推广人员，愿意接受推广人员的建议，容易使两者建立起相互信任的感情。

②个别指导法的缺点。个别指导法的效果是个别而又分散的，单位时间内信息发送量有限，服务范围窄，占有人力、物力多，费用高，不能迅速在广大林农中传播，容易造成林业科技推广工作效率低下。

(2)运用个别指导法的要求。

①要有良好的交通和通信条件,这是个别指导法顺利进行的前提和保证。

②要有足够数量和高质量的推广人员,对推广人员本身要求很高。

③尽量创造信息指导与物化服务相结合的条件,实现"既开方,又卖药",方便群众,有针对性地解决生产技术问题。

(3)个别指导法的应用。个别指导法有农户访问、办公室访问、信函咨询、电话咨询、计算机服务等形式。

①农户访问。这是推广人员与林农之间最常见的个别接触的形式,也是林业科技推广最常用、最有效的推广方法之一。二者面对面地直接沟通,通过农户访问,推广人员可以最大限度地了解林农的需要,并帮助林农解决问题,特别是解决个别林农的特殊问题尤为有效。农户访问大体分为准备、进行、解决问题及考评四方面的工作。

- 农户访问的注意事项。为了提高农户访问的效果,要注意以下几点:一是访问要有目的、计划及准备。如果林农提出的问题解释不了,要实事求是地向林农讲明,应当回去再想办法帮助林农解决,并及时反馈。二是选择好访问对象。访问对象重点选择农村的"三户"即科技户、示范户、专业户,以及具有代表性的一般农户。三是访问时推广人员要有共情的态度,关心农户问题,并有兴趣和信心帮助解决问题。四是做好访问记录,尽可能多记、记全,访问后要及时整理。五是访问要有结果,对被访问农户进行考评。六是坚持经常访问,特别在关键时期要不失时机地对农户进行访问,不断向林农提供信息,发现问题并及时帮助解决问题。

- 农户访问的优、缺点。优点在于推广人员可以从农户获得直接的原始资料;推广人员可以与林农建立友谊,保持良好的公共关系;容易促使林农采纳新技术;有利于培育示范户及各种志愿领导者;有利于提高其他推广方法的效果。缺点在于费时、投入经费多,若推广人员数量有限,则不能满足多数林农的需要;有时访问的时间与林农的休息时间有冲突。

②办公室访问。办公室访问又称办公室咨询或定点咨询,是指林业科技推广人员在办公室(或定点场所)接受林农的访问(咨询),解答林农提出的问题,或向林农提供技术信息、技术资料。这反映了林农的主动性,是比较高层次的咨询服务工作。林农来办公室访问(咨询),从心理上分析,

这类林农希望得到帮助和亟待解决某一个问题，期望有一个满意答复的心理，同时这类林农一般好学习并且兴趣异常浓厚，对推广人员要求也很高。从主动与被动的角度分析，林农是主动求教的，他们很容易接受推广人员的建议和主张，推广效果好。

- 办公室访问的注意事项。首先，访问（咨询）地点应选择林农来往方便的地方，规定接待时间也要尽可能对林农方便；其次，林业科技推广人员应严格坚持办公时间，不能让林农空跑，还应建立来访登记、值班登记制度；再次，设置最新信息的公告栏，准备一些小册子、技术明细纸、挂图、推广宣传画；最后，林业科技推广人员应热情接待来访林农，主动询问其关心的问题，尽可能使来访林农满意而归。

- 办公室访问的优、缺点。优点是来访问的林农主动性强，推广效果佳；林业科技推广人员节约了时间、资金；林业科技推广人员与林农交谈，密切了相互之间的关系。缺点是来访的林农数量有限，不利于新技术迅速推广；林农来访不定期、不定时、不定提出什么问题，给林业科技推广人员带来一定的难度。

③信函咨询。信函咨询是个别指导法的一种非常重要的形式，是以发送信函形式传播信息。它不受时间、地点的限制，也没有地方方言的障碍。信函咨询不仅为推广人员的工作节省了大量宝贵时间，而且，林农还能获得较多、较详细、有保存价值的技术信息资料。

信函咨询在发达国家和地区应用较为普遍，但在我国应用较少。其原因主要有以下几点：林农文化程度低，对信函的理解能力差；林业科技推广人员回复信件要占用许多时间，效率低；函件邮寄时间长，解决问题不及时等。因此，为了激发林农的积极性，林业科技推广人员进行信函咨询时应注意尽可能用词准确、清楚，避免使用复杂的专业术语；字迹要清晰；回复要及时。

④电话咨询。利用电话进行技术咨询，是一种效率高、速度快、传播远的沟通方式。电话咨询在通信事业发达的国家利用较为广泛。电话咨询受以下因素的限制：一是受时间限制，不能畅所欲言；二是受环境限制，只能通过声音来沟通，不能面对面的接触，其效果不佳；三是费用太高。

随着电信事业和互联网技术的发展，在林业科技推广中使用手机短信、手机QQ、手机微信等现代化工具进行沟通得到广泛使用，方便了林业科技推广工作开展。

⑤计算机服务。在林业科技推广工作中，计算机也显示出它的优势，发挥出应有的作用。一般来说，计算机服务有以下几种。一是技术监测系统。对林业环境、林木生长发育情况的观察资料进行分析、处理，获得林业生产所需求的信息，并向生产者提前发出预报、警报或报告，为林业技术措施的选择提供依据。这一系统的服务内容包括有害生物预测、天气尤其是灾害天气预报、土地肥力及矿质营养监测等。二是信息服务系统。通过建立通用技术信息库，将林业科学研究成果和实用技术信息贮存于软件中，用户根据需要，输入关键词即可调出有关信息，用以指导林业生产，这样的系统可大大提高数据的共享和查询效率。三是专家系统。专家系统是人工智能研究的一个应用领域，总结和汇集专家的大量知识与经验，借助计算机进行模拟和判断推理，方便解决相关问题。

（二）林业科技推广方法的选择

鉴于不同的林业科技推广方法具有不同的效果，因此，为了特定推广目的，推广人员应该选择和综合运用多种林业科技推广方法。表 3-1 列举了常见的林业科技推广目的所对应的推广方法组合，表明林业科技推广工作要根据林业科技推广项目的特点、林业科技推广组织和目标团体的特点，精心设计林业科技推广方案，选择和配置林业科技推广方法组合，以达到预计的推广效果。

在具体的推广活动中，林业科技推广人员要根据不同的推广对象、推广目标、推广阶段选择和综合应用适当的推广方法，确保其充分了解推广对象的需求，获得信息反馈，以便提高推广工作效率。总体来讲，选择和综合应用林业科技推广方法时，要注意抓住要领，除了考虑林业科技推广的目的外，至少还要考虑以下几个方面。

1. *考虑林业科技推广技术本身的特点*

林业新技术层出不穷，各种技术具有自身的特点，在技术推广中尤其要考虑其复杂性和难易程度，从而选择适当的推广方法。对于简单易学的技术，通过讲授和技能方法示范，可以使推广对象完全理解和掌握；而对于复杂难懂的技术，则要综合使用多种方法、手段，如讲授、模型演示、实物和现场参观、放映录像、技能培训等，通过刺激推广对象各种感官，使其学习、理解和掌握。

表 3-1 推广目的及对应的推广方法

推广目的	推广方法										
	小组讨论	方法示范	成果示范	现场观摩	短期培训	农户访问	推广教材	新闻报道	广播电视	办公室访问	计算机服务
技术指导		√	√	√	√	√					√
大众接触							√	√	√		
使林农考虑问题	√	√	√	√		√				√	
争取社会各界的支持								√			
使林农有成功的感觉	√		√	√							
引起林农的关注											
让不能参加集会的林农学习						√	√	√			√
田间情况的实时诊断											√
各种信息的获取和传播											√

此外，对于在当地从未推广过的技术，推广人员首先要帮助更多的林农充分了解和认识新技术，此时可以通过大众传播法向林农提供有关新技术的信息。同时，采用巡回访问、个别座谈等个别指导的方法有针对性地解决不同林农的问题，通过组织参观或成果示范等，使林农产生直观的认识和兴趣，并帮助他们结合自家生产的实际进行评价和试用等。如果某个技术在当地推广过，已有部分林农在使用，但还有部分林农未使用，想要通过进一步的推广工作扩大使用范围，则要了解和分析林农未使用的原因，是他们不想用还是经济条件不允许，是未掌握技术的操作技能还是对技术的效益持有怀疑态度，还是应用该技术所需生产资料的供应存在问题等，推广人员要弄清楚原因，采用适当的推广方法有的放矢地解决问题。例如，对于愿意采用新技术但对其效益不放心的林农，推广人员可以帮助他们试种、评价以及同获得成功的林农座谈；对于没有掌握新技术的林农，则要对他们进行指导和培训以帮助他们掌握新技术；对于生产资料供应存在问题的林农，则要帮助他们理顺支农服务渠道，保证生产资料的供应。

2. 考虑推广对象的特点

林业科技推广对象个体间存在多种差别，如年龄、性别、文化程度、生产技能、价值观等，这决定了推广对象具有不同的素质和接受新知识、新技术、新信息的能力。因此，在开展林业科技推广活动时要考虑推广对象的特点，适当选择和应用推广方法。对于科技示范户、专业户、文化层次较高的农户，虽人数少，却是接受新技术的"先驱者"，应重视个别指导、办培训班、座谈会、参观学习，结合印发技术资料，帮助他们把技术学精，以便带动和影响周围林农；对具有一定技术和文化水平的林农，应综合应用培训班、经验交流会、成果示范、印发资料、声像宣传、参观学习等方法，使他们能够尽快掌握新技术；对于技术落后、文化素质较低的林农，因其在长期的生产实践中形成了一套自己的观念，对外界新事物、新观念难以接受，应多用直观性强的方法，如声像宣传、成果示范、方法示范、现场参观等，让他们通过亲眼见、亲耳听和亲自对比评价来提高认识和积极性，增强和提高其生产技能。

3. 考虑技术采用不同阶段的特点

林农在采用新技术的不同阶段，会表现出不同的心理和行为特征，因此，在不同的采用阶段，林业科技推广人员应选择不同的林业科技推广方法。一般而言，在认识阶段，应用广播、电视、报纸等大众传播法以及成果示范、报告会、现场参观等集体指导法，让林农尽早知道新技术和新事物。在兴趣阶段，可以通过家庭访问、小组讨论和报告会等方式，帮助林农详细了解新技术的情况，消除其思想疑虑，增加其兴趣和信心。在评价阶段，应通过方法示范、经验介绍、小组讨论等较有效的方式，帮助林农了解技术规范、操作要求、预期效果等，还要针对不同农民的具体情况进行个别指导，帮助其做出决策和规划。在试验阶段，应尽可能为林农提供已有的试验技术，组织参观并加强巡回指导，鼓励和帮助林农避免试验失误，取得试验结果。最后的采用阶段是林农大面积采用创新技术的过程，林业科技推广人员要指导林农总结经验，提高技术水平，还要帮助林农获得生产物资及资金等，扩大采用新技术的面积。

4. 考虑推广机构自身的条件

推广机构自身的条件包括林业科技推广人员的数量和素质、推广设备的先进与否、推广经费的多少等，这些都直接影响推广机构开展工作的方式方法和效果。经济发达地区的推广机构一般有较充足的推广经费和较先进的推广设备，应用大众传播推广手段较多；而经济欠发达地区的推广机构则受限于财力和物力等条件，主要应用个别指导方法，结合开展培训等集体指导。目前，在推广人员数量不足的情况下，采用电讯和网络等信息技术，可提高推广效率。

在林业科技推广实践中，很少单独使用一种推广方法，常把几种推广方法配合使用。各种推广方法都有各自的优、缺点，使用范围也不尽相同，若综合运用几种推广方法，可取长补短、相得益彰。根据各种不同的情况将几种推广方法综合运用，其适应性会大大增强，收到的推广效果要比只用一种（类）推广方法好得多。林业科技推广方法的选择和运用是一门推广的综合艺术，推广人员在实践中要不断摸索并总结经验，要根据农村的实际情况灵活选用各种推广方法，加速新技术信息的应用，加快不同类型地区、不同文化层次、不同心理特征的林农学习、接受和应用新技术、新知识的速度，迅速提高技术普及率，提高林农的素质和科技文化知识，改变林农的行为，使农村物质文明和精神文明都得到提高。

第六节　社会化服务

一、林业社会化服务的内涵和发展过程

林业社会化服务即林业产业中存在的社会化服务，是指与林业相关的经济组织为满足林业生产发展的需要，为直接从事林业生产的经营主体提供的各种服务。

在我国，早期的林业社会化服务涵盖在农业社会化服务范畴内。在我国林业产权制度改革过程中，林农的自主经营权得到了保障，但其以家庭为生产单位的工作模式暴露了许多问题，需要专业程度高的服务体系提高其经济效率。因此，我国的林业社会化服务保持了政府主导、由不同性质的服务组织提供生产者所需的不同服务内容的特色，涵盖了林产品从原木到木制品多个产品系中的各个生产流程。

社会化服务由社会分工理论演变而来，该理论将产品的生产流程划分成多个部门，本部门的经营活动叫作生产，上下游部门的生产则被称为服

务。因此，按照产业链的上、中、下游，社会化服务又有产前服务、产中服务和产后服务之分，同时涵盖整个上下游的服务为全产业链服务，目的是提高经济活动的效率。从我国林业生产实际出发，林业社会化服务中的"产前"指的是人、财、物的投入阶段，该阶段的服务一般包括初始阶段所必需的生产资料、资金、信息等相关服务。产中服务多指林业正常生产所需的技术支持。如果林农在生产过程中把林木的病虫害防治、森林火灾预防、林木采伐等环节交给第三人完成，也称为产中服务。产后服务即为产品储存、销售等方面的服务。三类服务共涵盖了种苗培育、森林防火、病虫害防治、林业科技、交易中心等众多服务内容。

二、林业社会化服务的参与主体

从我国目前的林业社会化服务实践来看，参与主体主要包括以下几个。

（1）村级集体经济组织。作为最基础、最普遍、最常见的服务供给者，它可以利用村集体的优势，联系广大林农，通过统一的病虫害防治、采伐等服务，降低农户的管理成本。

（2）林业站。具体承担着政策宣传、资源管护、林政执法、生产组织、科技推广和社会化服务等职能。截至2022年，全国共有各级林业站近2.5万个，职工7.6万人。近年来，林业站人员充分发挥懂技术、会管理、信息灵的优势，大力普及林业科技知识、培训农民技术员、建立科技推广示范基地、推广林业先进技术，为林农提供产前、产中、产后林业社会化服务。

（3）林业经济合作组织。主要是指林农自愿组织起来自办、联办的服务组织、各种专业技术协会、研究会等。自治性使得这类组织更了解林农的实际需求，在促进林业发展中起着重要作用。

（4）林业企业。主要通过合同形式，与林农结成利益共享、风险共担的经济联合体，帮助林农在加工、销售领域形成规模经济，提高收益。

（5）大中专院校、科研单位的服务组织。主要通过提供技术咨询、人员培训类的服务，培养林业科技人才，提升林业生产的科学化水平。

三、林业站开展林业社会化服务的主要内容

（1）指导集体、林农和造林专业户做好造林调查规划设计，开展造林

技术咨询，推广先进造林技术；及时提供种苗生产信息，提供优质种苗。

（2）协助上级主管部门做好森林、林木及种苗的病虫害防治、检疫工作；协助当地人民政府做好森林防火工作；协助做好伐区设计、检查、验收和木材检尺等工作。

（3）在摸清资源底数和做好详细的市场调查及市场预测的基础上，积极引导林农发展科技含量高、投资少、见效快、收入高的项目。要先做好规划，查明资源种类、分布、数量、用途、加工、贮藏等情况，并根据市场需求、产品质量和销售情况，对其进行评价和预测，从而确定出应重点发展的名、特、优产品项目。

（4）协同当地的供销、外贸、金融等部门做好林产品的加工、储运、销售服务工作。以市场需求为导向，认真规划林产品的加工深度和发展规模，突出发展重点；及时向林农提供市场营销信息，积极牵线搭桥，广开销售渠道，组织、帮助林农推销产品。

（5）加强对农村林业合作经济组织的指导和扶持。负责引导或扶持林农成立农村林业经济合作组织，或对现有林业经济合作组织提供技术支持及产品加工、储备、市场信息和人员培训，促进村级和林农自办的林业服务组织的发展，增强服务功能。稳定并不断提高组织内林农等会员的收入，繁荣当地经济。

（6）积极开展科技推广工作、普及工作，开展技术咨询、技术培训和技术承包，通过引进新品种、新技术或对原有品种进行改良、复壮，利用拓宽市场渠道等手段，切实提高农户在速丰林建设、林果栽培、木材加工及人工养殖等方面的科技含量，走科技兴林之路，使农民尽快增收致富。

（7）积极配合财政、金融和上级主管部门的融资服务实体，以"讲求效益、择优扶持"为原则，以有偿投资、联营分利等形式加大对林业的资金投入。

（8）做好培训和信息服务工作。通过发放资料、技术咨询、专家授课、实际操作等多种培训形式，帮助林农学习、掌握林业法律法规和林业生产常识，学会使用林果栽培、嫁接、修剪、病虫害防治、林木抚育等1~2项林业实用致富技术。及时帮助林农提高林业科学技术水平，掌握有益的经济科技信息，成为懂技术、善经营、会管理的林业技术能手，使他们能够利用自己的一技之长发展林业生产，增收致富。

(9) 做好村屯绿化美化工作。结合村庄整治规划，突出村屯绿化特色，以村庄街道和农民庭院四周为重点，根据农民意愿和村庄特点，引导村民栽种乡土树种，或适生的观赏树种、经济树种、灌木、花草等，对村屯进行绿化美化，改善村容村貌，创造良好的人与自然和谐相处的农村人居环境。

四、林业社会化服务体系建设

林业社会化服务体系，是指为直接从事林业生产的经营主体提供各种服务而构成的一个网络体系。它是运用社会各方面的力量，使各类林业生产经营单位适应市场经济的需要，克服自身规模狭小的弊病，获得专业化分工和集约化服务规模效益的一种社会化的农业经济组织形式。从服务的内容来看，有供应服务、销售服务、加工服务、信息服务等；从服务的组织来看，有乡村集体经济内部的服务组织、林业技术部门的服务组织、大中专院校和科研单位等；从服务的类型来看，有服务风险型、政府引导型、龙头带动型等。林业社会化服务体系是否完善，是衡量一个国家林业商品化和现代化程度的重要指标。

五、健全林业社会化服务体系的意义和主要方式

(一) 健全林业社会化服务体系的意义

健全林业社会化服务体系是实现林农与现代林业发展有机衔接的重要途径。我国是以小农户为主要农业经营主体的国家，小农户不仅是农业经济的基本单元，也是传统农耕文明的重要载体，具有合理分工、精耕细作等诸多优势。但小农经营存在规模狭小、抗风险能力弱、科技推广成本高等问题，导致其难以适应农业和林业现代化生产和消费升级需要。只有健全林业社会化服务体系，以专业化、规模化、高效率的社会化服务带动林业生产适度规模经营，才能更好地推进林业的现代化改造，实现林业与现代林业发展的有机衔接。

健全林业社会化服务体系是实现绿色林业、生态林业的重要支撑。当前，要素投入高、资源环境约束趋紧等是制约林业现代化的突出问题，而健全林业社会化服务体系，可以为解决这些问题创造有利条件。林业社会化服务主体通过集聚科技、信息、资金、人才等现代生产要素，利用先进

生产工具、技术和方法为林业生产经营主体提供测土配方施肥、病虫害防治、机耕机收、产业链管理等现代化服务，不仅能有效实现各种生产资料的集约高效利用，减少环境污染，保障农产品质量安全，还能促进林业生产效率、综合效益和竞争力的全面提升，促进林业可持续发展。

健全林业社会化服务体系是促进林农增收的有效抓手。想要增加林农收入，提高林业收益是主要途径，一方面要降低林业生产成本，另一方面要着力提升林产品附加值。健全林业社会化服务体系，可以通过服务主体在农资、农技、农机等方面的规模化供给，减少林业生产成本和劳动力投入，提高林业经济收益；可以通过发展生产性服务业，促进林业技术创新和应用，提高林产品质量，增加产品附加值；还可以推动林业与旅游、文化、康养等产业的融合发展，实现林业全链条升级，提升林农增收空间。

（二）健全林业社会化服务体系的主要方式

健全林业社会化服务体系，是科技、信息、资金、人才等现代生产要素有效植入林业产业链的保障，是中国特色生态文明建设与林业发展的重要抓手。健全林业社会化服务体系，要重点在培育新型林业服务主体、推进林业社会化服务能力建设、创新服务内容和方式上下功夫。

大力培育新型林业服务主体，引导不同类型服务主体分工协作，优势互补。一是切实落实政府相关扶持政策，用足用好财政扶持、信贷支持、税费减免、人才培育引进等优惠政策，培育更多具备提供高端增值服务能力的服务主体，培养一支高素质、专业化的服务人才队伍和新型职业林农队伍。实施重大项目或专项行动，注重整合财税、金融、审批等各种政策优势，推进林业社会化服务向价值链高端延伸。二是强化政府公共服务机构的支撑与引导作用，做实、做强、做细区域重点公共服务。同时对接经营性服务主体，引导其更好为林农服务。三是鼓励不同服务主体之间分工协作，以资金、技术、服务等要素为纽带，大力发展服务联合体、服务联盟等新型组织形式，打造一体化的服务组织体系。

持续推进林业社会化服务能力建设，尤其要强化林业生产关键领域和薄弱环节的服务供给。一是对林业种植用地进行宜机化改造，大力推进林业生产全程机械化服务能力建设。二是扶持新型林业服务主体服务设施建设，充分利用财政资金奖补、利息补贴、信贷担保等扶持政策，解决服务主体设施建设中融资难、融资贵等问题。鼓励服务主体搭建区域性林业社会化服务综合平台，为生产者提供"一站式"服务。三是采用直接补贴、政府购买服务、定向委托等方式，发挥政府引导作用和市场配置资源的决定性作用，鼓励服务主体加强林业生产关键领域和薄弱环节服务能力建设，着重解决林农生产中初始投入大、技术难度高、短期效益不明显，以及单个农户不愿做、做不了或做了效果差等问题。

积极创新服务内容和方式，形成覆盖林业生产全过程的社会化综合配套服务。一是鼓励各类服务组织拓展服务内容和服务范围，围绕林业生产产前、产中、产后各环节，提供专业化的专项服务和全产业链的综合服务。二是积极引导和支持服务主体创新服务模式，发展托管式、订单式、平台式、站点式等综合性服务模式。进一步建立健全林业社会化服务标准体系和操作规范体系，引导服务主体推行"约定有合同、内容有标准、过程有记录、人员有培训、质量有保证、产品有监管"的规范服务模式，不断提高服务质量和水平。三是扩大林业生产全程社会化服务机制创新试点范围，合理确定财政补贴标准、方式和规模，强化监督管理和绩效考核，严格退出机制，在全国范围内打造一批服务能力强、服务范围广、市场化运营的林业生产全程社会化服务龙头组织。

第七节　森林保险

一、森林保险的概念和作用

（一）森林保险的概念

1. 保险

保险是指投保人根据合同约定，向保险人支付保险费，保险人对于合同约定的可能发生的事故因其发生所造成的财产损失承担赔偿保险金责任，或者当被保险人死亡、伤残、疾病或者达到合同约定的年龄、期限等条件时承担给付保险金责任的商业保险行为。保险是个人或组织转移自身所面临风险的一种方法。

农业保险指的是由保险机构经营，对农业产业在生产过程中因遭受约定的自然灾害、事故或者疫病所造成的经济损失承担赔偿保险金责任的保险。

林木保险指的是以天然林场和人工林场的林木为保险标的的农业保险。保险人对林木生长期间因约定的灾害事故造成的林木价值或营林生产费用损失承担赔偿责任。

涉农保险指的是除农业保险以外，其他为农业、农村、农民直接提供保险保障的保险。涉农保险包括涉及农用机械、农用设备、农用设施、农房等农业生产生活资料，农产品储藏和运输、农产品初级加工、农业信贷、农产品销售等活动的财产保险，以及涉及农民的寿命和身体等方面的人身保险。

2. 森林保险

目前，普遍使用的森林保险概念为：森林保险是林业生产者用支付小额保险费的方法，把林业生产过程中因灾害事故造成经济损失的风险转嫁给保险人的一种制度安排。简单地讲，就是以森林为对象的一种风险转移方式。

(二)森林保险的特征

林业具有生产周期长、见效慢、商品率高、占地面积大、受地理环境制约强、林木资源可再生等特点，因此，森林保险与其他保险产品相比有自身的特点。

1. 续保周期长

由于林业生产经营的长周期特性，与农业保险相比，森林保险的最大特点是其可续保周期长。在农业保险中，保险期按生长季节只有几个月，一个有生命的标的就此结束，续保时是另一个有生命的标的。而森林保险标的则是多年生植物，生长期长，如一般速生用材林生长期都在 10 年以上，风景林或珍贵树种更是有百年以上，对一个有生命的标的而言，其可续保期是相当长的。

2. 风险难分散

由于林业风险具有非独立性(相邻区域内)、相关性和巨灾性等特点，导致森林保险的风险较大，使保险公司开展森林保险业务时面临诸多制约因素。

第一，森林损失风险集中，不宜分散。相邻区域内森林保险标的之间的风险是不独立的，且随区域位置的远近，相关性由弱到强。一次森林灾害事故往往涉及范围较广，在一个风险单位内，承保的林农越多，承保的面积越大，风险也就越集中，损失也会越大，保险人的经营风险也就越大。一场中等强度的林业自然灾害就可以影响很大面积，使保险公司面临较大的损失。这种相关性破坏了保险要求的独立性原则，使"大数法则"的适用性在一定程度上受到限制，降低了风险转移的效率。第二，森林灾害风险具有广泛的伴生性。一种森林保险事故很可能会引起另一种或多种风险事故的发生，造成损失的因素具有多样性，不易将各种保险事故与相应的损失后果严格区分开来，这也就要求建立一套专门针对森林保险业务的理赔程序和查勘定损方法。第三，森林保险可保性差。森林灾害发生比较频繁，局部地区的损失规模可能较大，风险在一定地域范围内难以分散，导致森林保险可保性差。第四，难以正确评估风险和准确厘定保险费率。由于森林保险依据的资料不充分，特别是保险行业也没有积累起一定量的业务数据如赔案数据以支持精算工作，无法正确评估风险和准确厘定保险费率。而且，目前没有很好的巨灾风险分散机制，如果林业大面积承保，当出现类似 2008 年的冰雪灾害时，则可能造成保险公司无法承受的巨大亏损。同样，再保险公司也有这方面顾虑，浙江省曾向国际再保险市场购买种植业超赔再保险，但再保险公司明确提出将林业剔除。

3. 经营成本高

森林分布范围广，而且林区往往远离市中心和发达地区，多为交通不方便的偏远山区，如果开展森林保险，基层保险销售工作将面临展业宣传难、收取保费难、调查成本高、交通费用高、核损和理赔成本高等诸多问题。

4. 价值难确定

保险合同中的保险金额应根据保险标的的价值来确定。在普通财产保险中，保险标的的价值在投保前是可以事先确定的。而在森林保险中，保险标的的价值在投保之前仍未形成，一般只是根据经验和预期来确定它的保险价值，但是这个价值不是固定的，而是会随着林木的生长、劳动和资金的投入而发生变化。加上森林资源市场价值会随着市场波动而发生变化，使得合理确定森林保险保额难上加难。

此外，不同类型的林种其保险标的具有较大的差别性，导致森林保险的标的价格确定更加困难。森林保险的标的按性质分类主要有两种：一是物质性标的，其承保对象是被保险人享有所有权或用益物权（如集体林地经营权和林木所有权)的物质标的的经济价值;二是生命性标的,其承保对象是被保险标的的生命和整体机能。其中,防护林、特种用途林主要以生命性标的为承保对象,如防护林主要以整体机能为保险标的;名胜古迹的林木价值则不仅仅是物质性的经济价值,更是其不可替代的人文价值,因此以其生命为承保标的。用材林、经济林和能源林主要以物质性标的为承保对象。这也是森林保险标的与农业保险标的最大的区别,森林保险标的不是单纯的物质性标的,而农业保险标的都是物质性标的,而无生命性标的。所以,在确定森林保险标的价值时需要对不同类型的林种加以区分,不分林种和树种采取统一固定的保额显然不符合森林保险的特有属性。

我国森林保险保额在实践中存在着三种估价形式:按蓄积量确定保险金额、按经营成本确定保险金额、按林木再植成本价确定保险金额。首先,按蓄积量确定保险金额可以使投保人拥有的真实价值、利益得到保障,但由于考虑到市场价格、蓄积量估算等因素,按蓄积量确定保险金额的难度较大;其次,由于林业生产成本投入的个体差异,成本核算要考虑多种因素,以经营成本确定保险金额的估价方式也存在诸多不足;最后,林木是多年生植物,由于生产资料、劳动力成本上升等因素,经营成本将会逐年增加,按林木再植成本价确定保险金额尚不能满足林农的赔偿预期。也就是说,无论采用哪一种保额估价方式,事实上都存在投保保额不易确定的问题。

5. 费率难厘定

森林分布在广阔的林地上,不能封闭,管理艰难,森林火灾、病虫害、盗伐等人为或自然灾害频繁发生,使得森林经营面临巨大风险。另外,我国幅员辽阔,森林分布不均,各类森林灾害事故的发生极不规律,森林灾害损失程度在各地之间和同一地区不同年度之间都存在差异,加之以前不够重视对有关森林灾害事故发生情况的数据收集和积累,导致测定森林灾害发生频率难度大,从而难以科学合理厘定森林保险费率,最终影响森林保险业务的开展。森林保险费率制定时要考虑以下因素:第一,序列林价与费率。林业生产的劳动和资金投入往往要十几年或几十年才见效益。采种、育苗、整地、造林阶段的投入占比50%以上,其后是幼林抚育阶段,经营者投入逐渐减少,并维持一定水平。林价(立木价值)与生产者的阶段投入缺乏相关性，林木在不同生长期有不同价值，即所谓序列林价。也就是说，在这个自然再生产和经济再生产相结合的过程中，自然力的作用随时间的推移而渐渐增多，立木价值不断增大；而经济的投入则与此相反，林木生长期越长，投入越少，即所谓"以林养林"。第二，损失率与费率区。森林灾害的损失程度与森林特征、地形、气象因子、社会经济条件密切相关，我国林区规模和气象分布具有明显的地域差异规律，这就说明我国各林区灾害损失率是不同的。在开展森林保险业务时要根据当地森林特征、灾害频率和社会经济条件，因地制宜地估算损失率、划定费率区、绘制森林保险费率区划图，为长期稳妥经营森林保险提供可靠资料。第三，林龄与等级费率。对于相同树种来说，确定保险纯费率时，有必要分成若干费率档次。如人工杉木林，根据幼龄林、中龄林、成熟林等林龄阶段划分档次，采用不同费率级别是合理的。

6. 理赔定损难度大

森林内部结构复杂、植被丰富、品种繁多、功能多样，使森林的价值难以确定。同时，如果受灾时间和受灾程度不同，那么所造成的损失程度也会有所不同。因此，各种环境因素综合影响导致森林灾害的损失难以测定。另外，森林保险标的在不同的生长阶段有着不同的价值，林木生长周期长，其未来市场价值本身就难以预测，一旦发生灾害事故损毁标的，现场查勘、定损、赔付等工作求证不易，且费时费力，易产生偏差。另外，林木生长具有季节性，这也就使得当年灾害发生所造成的实际损失必须要等到来年春天才能观测到受损树木的实际损失程度，因此，森林保险的灾后观察期将长达几个月。各种因素导致森林保险的经营管理费用远比一般商业保险要高。

(三) 森林保险的作用

随着森林保险在广度和深度上的不断推进，森林保险的功能作用日益凸显，在稳定林业生产、提高林业抗风险能力、巩固集体林权改革成果、优化林业金融环境、推动脱贫攻坚等方面发挥重要作用。

1. 稳定林业生产

保险赔款为林农灾后恢复生产提供了重要的资金保障，成为林区社会经济发展的"稳定器"。2009—2022 年，全国森林保险总保额从 973.59 亿元增加到 19 912.99 亿元。与此同时，亩*均保额从 480 元跃升到 808 元。全国森林保险理赔金额从 2009 年的 0.57 亿元增加到 2022 年的 11.05 亿元，增长了 19 倍（图 3-1），为林业生产经营提供及时高效的生产恢复资金支持，充分体现森林保险"稳定器"和"助推器"的作用。

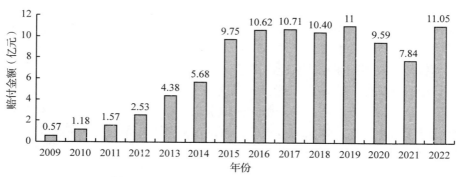

图 3-1　2009—2022 年森林保险赔付金额变化

2. 提高林业抗风险能力

森林保险推动了林业防灾防损制度和措施的进一步完善，成为林业风险管理的重要手段。保险机构越来越重视通过构建防灾防损机制进行林业风险管理，并取得了明显成效。例如，中航安盟财产保险有限公司于 2014—2015 年在四川省投入林业防灾减灾资金 6000 多万元，使森林保险受灾面积由 20.83 万亩减少到 8.4 万亩，经济损失由 6164 万元减少到 1654 万元，森林抗风险能力明显提升。

3. 巩固集体林权改革成果

因森林保险推进的需要，林业部门补发尚未确权林地的手续，促进集体林权确权发证的基础工作。由于保险凭证和理赔款项应落实到林农，保险凭证需载明投保地块的详细坐落地点、投保面积、保险责任、保险金额等信息，倒逼了确权到户和林地林权档案管理工作的健全和完善。

财政部门对公益林和商品林的保费补贴政策不同，在林业经营主体缴齐保费后，保险公司需出具保险凭证，据此申请财政保费补贴资金，这样就要求投保时必须明确林地类型，促进了林地分类区划的落界，进一步规范商品林、公益林分类管理制度。

---

* 1 亩 = 1/15hm²。

4. 优化林业金融环境

实施中央财政森林保险保费补贴政策以后，各级财政加大了对林业的投入，强化了林业经营主体的资产保险意识和管护森林资产的责任意识，增强了各类金融机构投资林业的信心。开展中央财政森林保险保费补贴工作以来，多家保险公司成功开发出了多种林权抵押贷款保险产品，通过森林保险产品和信贷产品的有效结合，充分发挥保险的风险保障功能和融资增信功能，解决林农等经营主体以林权为抵押物融资的后顾之忧，在满足林农风险保障的同时，更好地满足林业生产相关主体的融资需求，提升信贷支农和保险惠农政策投放的精准度，缓解林业融资难和融资贵问题，拓宽农村普惠金融服务的覆盖面。

5. 推动脱贫攻坚

森林保险具有扶贫济困的属性和精准扶贫的功能，主要体现在以下三个方面：一是保障贫困户生产活动。各地陆续出台了降低或减免贫困地区和贫困户的森林保险保费缴纳比例的各种措施，为其灾后恢复林木提供保险保障支持。二是支持贫困地区林业经营主体的生产经营。尤其是家庭林场、林业专业合作社、股份林场、"企业+基地+农户"等新型林业经营主体，与雇主责任险等险种协调配合，鼓励和引导林业企业雇佣建档立卡贫困户参加林业生产活动，起到促进贫困地区企业主动"造血"的作用。三是建设护林员风险转移分散和保障机制。森林保险的承保机构在贵州、江西、内蒙古、安徽等地为生态护林员赠送人身意外险，构建了生态护林员风险转移和保障机制，有效解决了护林员因灾、因病致贫返贫的后顾之忧，也为巩固脱贫攻坚成果、有效衔接乡村振兴发挥了重要推动作用。

二、森林保险保费补贴政策

（一）中央财政森林保险保费补贴政策

1. 发展概况

政策性森林保险是指在政府扶持和财政补贴下，对森林生产过程中因自然灾害或意外事故造成的经济损失提供经济补偿的一种保险制度，是党中央、国务院推出的一项兴林富民的重大政策措施。根据《中共中央 国务院关于全面推进集体林权制度改革的意见》中关于"加快建立政策性森林保险制度，提高农户抵御自然灾害的能力"和《中共中央 国务院关于2009年促进农业稳定发展农民持续增收的若干意见》中关于"加大财政对集体林权制度改革的支持力度，开展政策性森林保险试点"的有关精神，财政部于2009年出台了《财政部关于中央财政森林保险保费补贴试点工作有关事项的通知》，自2009年7月1日起在福建、江西和湖南三省启动中央财政森林保险保费补贴试点。在地方财政提供配套保费补贴的基础上，中央财政再给予一定比例的保费补贴，有效降低林农缴费负担，参与主体的积极性得到较大促进。

2010年，第二批中央财政森林保险保费补贴试点地区为浙江、辽宁、云南三省。2011年，第三批中央财政森林保险保费补贴试点地区为四川、广东、广西三省（自治区）。2012年，中央财政森林保险保费补贴政策面向全国实施，符合条件的省（自治区、直辖市）均可向中央财政申请，森林保险由此进入了崭新的发展阶段。

为做好中央财政农业保险保费补贴工作，提高财政补贴资金使用效益，2016年财政部印发《中央财政农业保险保险费补贴管理办法》，该办法自2017年1月1日起施行并于2021年进行了修订，《财政部关于中央财政森林保险保险费补贴试点工作有关事项的通知》同时废止。在2020年7月1日起实施的新修订《森林法》中，第六十三条规定："国家支持发展森林保险。县级以上人民政府依法对森林保险提供保险费补贴。"明确了森林保险保险费补贴的法律地位。

管理机构上，2010年，全国林业厅局长会议要求"在基层林业站培训一大批熟悉森林保险的业务队伍，为扩大森林保险规模、实现农民与保险公司双赢奠定坚实基础"。同年，国家林业局局党组决定由林业工作站管理总站负责森林保险操作层面的引导和管理工作，并批准其与中国人民财产保险股份有限公司（以下简称人保财险）签订了《共同推进森林保险的合作框架协议》，明确双方在森林保险宣传、培训、承保、查勘定损、防灾防损等方面开展全面合作。

2. 工作原则

根据财政部等四部委2019年印发的《关于加快农业保险高质量发展指导意见》，农业保险保费补贴工作遵循政府引导、市场运作、自主自愿、协同推进的原则。

（1）政府引导。更好发挥政府引导和推动作用，通过加大政策扶持力度，强化业务监管，规范市场秩序，为农业保险发展营造良好环境。

（2）市场运作。与农业保险发展内在规律相适应，充分发挥市场在资源配置中的决定性作用，坚持以需求为导向，强化创新引领，发挥好保险机构在农业保险经营中的自主性和创造性。

（3）自主自愿。充分尊重农民和农业生产经营组织意愿，不得强迫、限制其参加农业保险。结合实际探索符合不同地区特点的农业保险经营模式，充分调动农业保险各参与方的积极性。

（4）协同推进。加强协同配合，统筹兼顾新型农业经营主体和小农户，既充分发挥农业保险经济补偿和风险管理功能，又注重融入农村社会治理，共同推进农业保险工作。

3. 补贴标准

财政部提供保费补贴的农业保险标的为关系国计民生和粮食、生态安全的主要大宗农产品，以及根据党中央、国务院有关文件精神确定的其他农产品。鼓励各省、自治区、直辖市、计划单列市结合本地实际和财力状况，对符合农业产业政策、适应当地"三农"发展需求的农业保险给予一定的保费补贴等政策支持。

中央财政保费补贴的森林保险标的为公益林和商品林。补贴原则是中央财政、省级财政按照保费的一定比例提供补贴，纳入补贴范围的中央单位承担一定比例保费。

省级财政平均补贴比例表示为（25%+a%），以保费规模为权重加权平均计算。中央单位平均承担比例表示为（10%+b%），以保费规模为权重加权平均计算。

当 $a \geq 0$ 时，中央财政对各省公益林补贴 50%、商品林补贴 30%；当 $a<0$ 时，中央财政对各省公益林补贴（50%+a%×2）、商品林补贴（30%+a%×1.2）。当 $b \geq 0$ 时，中央财政对大兴安岭林业集团公司公益林补贴 70%、商品林补贴 50%；当 $b<0$ 时，中央财政对大兴安岭林业集团公司公益林补贴（70%+b%×7）、商品林补贴（50%+b%×5）。

补贴险种的保险责任应当涵盖当地主要的自然灾害、重大病虫鼠害、动物疾病疫病、意外事故、野生动物毁损等风险；有条件的地方可稳步探索将产量、气象等变动作为保险责任。

地方财政对森林保险的保费补贴政策各不相同。公益林保险中，部分地区由财政共同承担全部保费。商品林保险中，林业生产经营主体承担比例为10%~45%。2022年各地区和单位森林保险补贴比例见表3-2。

表3-2 2022年各地区和单位森林保险补贴比例   %

地区/单位	森林类别	中央财政补贴	省财政补贴	市县财政补贴	林业生产经营主体承担
总计	公益林	51	30	14	5
	商品林	30	30	13	27
北京	公益林	50	50	0	0
天津	公益林	50	30	10	10
河北	公益林	50	25	15	10
	商品林	30	25	25	20
山西	公益林	50	25/50	25/0	0
	商品林	30	25/50	25/0	20
内蒙古	公益林	50	32	18	0
	商品林	30/50	25/32	15/18	30/0
辽宁	公益林	50	30/45	15/0	5
	商品林	30	30/45	15/0	25
大连	公益林	50	0	40	10
	商品林	30	0	50	20
吉林	公益林	50	25	15	10
	商品林	30	25	20	25
黑龙江	公益林	50	25	15	10
	商品林	30	25	15	30
江苏	公益林	50	40/50	10/0	0
浙江	公益林	50	30	20	0
	商品林	30	20	30/25	20/25
宁波	公益林	50	0	50	0
	商品林	30	0	45	25
安徽	公益林	50	40	10	0
	商品林	30	25	25	20

（续）

地区/单位	森林类别	中央财政补贴	省财政补贴	市县财政补贴	林业生产经营主体承担
福建	公益林	50	25	15	10
	商品林	30	30	15/0	25/40
厦门	公益林	50	0	50	0
	商品林	30	0	70	0
江西	公益林	50	50	0	0
	商品林	30	25	5	40
山东	公益林	50	25	25	0
	商品林	30	25	25	20
青岛	公益林	50	0	50	0
河南	公益林	50	40	10	0
	商品林	30	25	15	30
湖北	公益林	50	30	20	0
	商品林	30	25	5	40
湖南	公益林	50	30	10/20	10/0
	商品林	30	25	0/25	45/20
广东	公益林	50	25	25	0
	商品林	30	25	15	30
广西	公益林	50	35/50	15/0	0
	商品林	30	25/70	15/0	30/0
海南	公益林	50	50	0	0
	商品林	30	25/35	0/10	45/35
重庆	公益林	50	30/50	20/0	0
	商品林	30	25	15	30
四川	公益林	50	25	15	10
	商品林	30	25	20	25
贵州	公益林	50	30	20	0
	商品林	30	30	25	15

(续)

地区/单位	森林类别	中央财政补贴	省财政补贴	市县财政补贴	林业生产经营主体承担
云南	公益林	50	25	25	0
	商品林	30	32.5	22.5	15
陕西	公益林	50	25	15	10
	商品林	30	45	15	10
甘肃	公益林	50	30/45	15/0	5
	商品林	30	25/40	15/0	30
青海	公益林	50	30/45	15/0	5
	商品林	30	30/50	10/0	30/20
大兴安岭林业集团	公益林	70	0	0	30
内蒙古森工	公益林	50	32	0	18
	商品林	30	25	15	30
吉林森工	公益林	50	40	0	10
	商品林	30	40	0	30
长白山森工	公益林	50	40	0	10
	商品林	30	40	0	30

(二)中央财政对地方优势特色农产品保险以奖代补政策

对地方优势特色农产品保险,中央财政每年安排一定资金给予奖补支持,结合各省和新疆生产建设兵团农业保险保费补贴综合绩效评价结果和地方优势特色农产品保险保费规模加权分配。

各省和新疆生产建设兵团农业保险保费补贴综合绩效评价结果权重为20%。在综合绩效评价结果整体权重下,按照综合绩效评价得分由高到低的顺序,将各省划分为4档,第一档10个省、第二档10个省、第三档8个省,其余省归为第四档。第一、二、三档分别分配综合绩效评价结果整体奖补资金总额的50%、35%、15%,每一档内各省平均分配;第四档不予分配综合绩效评价结果奖补资金。

上一年度省级财政给予补贴、符合保险原则的地方优势特色农产品保险保费规模权重为80%。

各省和新疆生产建设兵团所获地方优势特色农产品保险奖补资金不得

高于该省所获大宗农产品中央财政农业保险保费补贴资金规模。所获大宗农产品中央财政农业保险保费补贴低于 1000 万元的省，不得享受地方优势特色农产品保险奖补政策。

假设中央财政安排当年地方优势特色农产品保险奖补资金为 A，某省上一年度省级财政给予补贴、符合保险原则的地方优势特色农产品保险保费规模在全国占比为 $\theta\%$，该省综合绩效评价得分属于第 n 档，该省所获大宗农产品中央财政农业保险保费补贴资金规模为 B，则该省当年所获地方优势特色农产品保险奖补资金 M 可表示为：当 $n=1$ 时，$M=A\times80\%\times\theta\%+A\times20\%\times50\%\div10$；当 $n=2$ 时，$M=A\times80\%\times\theta\%+A\times20\%\times35\%\div10$；当 $n=3$ 时，$M=A\times80\%\times\theta\%+A\times20\%\times15\%\div8$；当 $n=4$ 时，$M=A\times80\%\times\theta\%$。以上当且仅当 $M\leqslant B$ 且 $B\geqslant1000$ 万元时成立，否则 M 取零。

省级财政每年可从中央财政安排当地地方优势特色农产品保险奖补资金中提取一定比例的资金，统筹用于完善大灾风险分散机制、加强信息化建设等农业保险相关工作，具体用途由省级财政决定。省级财政每年提取金额不得超过当年中央财政安排当地奖补资金的 20%。

三、主要森林保险产品

（一）名词解释

1. 保险期间或保险期限

保险期间或保险期限是指保险责任的起讫期间。在此期间内保险人对发生的保险事故承担保险赔付义务。森林保险的保险期间通常为一年。

2. 保险标的

保险标的是指作为保险对象的财产及其有关利益或者人的寿命和身体。森林保险的保险标的为生长和管理正常的商品林、公益林。

3. 保险金额

保险金额是指保险人承担赔偿或者给付保险金责任的最高限额。保险金额是投保人对保险标的的风险保障设定的投保金额，是保险人计算收取保费的基础。《中央财政农业保险保费补贴管理办法》明确政策性森林保险的保险金额，原则上为林木损失后的再植成本，包括灾害木清理、整地、种苗处理与施肥、挖坑、栽植、抚育管理到树木成活所需的一次性总费用。鼓励各地和承保机构根据本地农户的支付能力，适当调整保险金额。

对于超出直接物化成本的保障部分，应当通过适当方式予以明确，由此产生的保费，有条件的地方可以结合实际，提供一定的补贴，或由投保人承担。

4. 保险费率

保险费率是指应缴纳保险费与保险金额的比率。森林保险的保险费率综合保险责任、林木多年平均损失情况、地区风险水平等多种因素，由各地根据本地实际情况确定。

5. 保费

保费是指投保人按保险合同约定向保险人支付的费用。保费由保险金额、保险费率和保险期间构成。例如，某地森林保险费率为0.4%，每亩林木的保险金额为500元，那么每亩林木所应缴纳的保费为2元（500元/亩×0.4%）。其中，如果中央财政补贴比例为50%，省级财政不退额比例为30%，实现财政补贴比例为10%，则林业生产经营主体只需承担保费的10%，即0.2元/亩。

6. 保险责任

保险责任是指保险合同中约定的保险人向被保险人提供保险保障的范围。

(二) 主要产品

中央财政支持下的森林保险产品主要为火灾险和综合险。

1. 森林火灾保险

由于火灾造成保险林木发生损失后，保险公司根据保险合同约定进行经济补偿。

2. 森林综合保险

森林综合保险的保险责任，一般包括保险期间内由于火灾、旱灾、暴雨、暴风、洪水、泥石流、冰雹、霜冻、台风、暴雪、雨凇、森林病害、森林虫害、鼠（兔）害等直接造成保险林木的流失、被掩埋、主干折断、倒伏或者死亡。保险人按照保险合同的约定负责赔偿。各省（自治区、直辖市）在实际操作中，应根据当地主要灾害风险状况，选择上述灾害类型作为本地的保险责任范围。

除以上两种基本险种外，多地还积极探索研发了地方财政支持下的指数型、收入型森林保险产品。

3. 天气指数保险

(1) 湖南油茶天气指数保险。茶油属于"靠天吃饭"的产业,极怕遭遇干旱、低温、冻害等气象灾害。2019年,湖南省常宁市率先在衡阳地区推出油茶天气指数保险,该保险产品每亩保费为30元,其中衡阳市财政补贴40%,本级财政承担40%,种植户缴纳20%。在保险期间内,保险油茶所在区域的月最高气温或月最低气温达到保险合同约定的起赔标准时,视为保险事故发生,保险人按照保险合同的约定负责赔偿。天气指数保险是对油茶林种植保险的有力补充,让种植户在面对极端天气造成的油茶产量减少、质量降低的时候能够得到保险保障。

(2) 浙江油茶低温气象指数保险。浙江省衢州市常山县于2017年开展油茶低温气象指数保险试点工作,该保险产品以4年生以上良种油茶为投保对象,每亩保额为2000元,保险费率为10%,则每亩保费为200元,其中县级财政负担70%,种植户缴纳30%。保险期限为当年12月1日至次年3月31日,其中细分5个保险时段,设置相应的起赔温度和每亩赔付金额。气象指数保险具有客观公平、定损容易、操作便捷、理赔迅速等优点,有效增强油茶种植户抵御自然风险、保障生产稳定的能力。

4. 收入保险

(1) 浙江毛竹收购价格指数保险。2018年,浙江省湖州市安吉县发布《安吉县毛竹收购价格指数保险方案(试点)》,试点时间四年,标志着全国首个毛竹收购价格指数保险成功启动。该保险以正常生产经营的毛竹为标的,被保险人是县林业部门认定的农户流转给村集体经营、村集体委托的承包经营大户(2000亩以上)、林权作价出资入股的股份制毛竹专业合作社三类对象。在保险责任期内,当保险毛竹山下收购价低于保险毛竹生产成本价和收益浮动值(试点首年确定1)之和时,视为保险事故发生,保险公司需按照每百斤*保险毛竹生产成本价加上收益浮动值减去毛竹山下收购价负责赔偿。计算赔偿的公式如下:

赔偿金额=保险面积×(保险责任期间每百斤毛竹生产成本价+收益浮动值−保险责任期间每百斤毛竹山下收购价)×平均亩产量

县林业局在全县设置了63个收购价格采集点进行持续采样,在保险到

---

* 1斤=0.5kg。

期后,将根据采样来的价格加权平均确定收购价格并公开发布,接受社会监督。而收益浮动值则随着上一年度县物价部门公布的每百斤保险毛竹收购价与生产成本价的价差变化做相应调整,以最大限度地保障投保竹农的利益。通过保险条款制定,安吉县鼓励和引导农户竹林向村集体、大户、专业合作社等集中流转,推进规模化生产经营,促进竹产转型升级,进一步推动金融支持乡村振兴战略和绿色金融改革创新。

(2)四川杧果价格指数保险。2016年7月,四川省攀枝花市出台《攀枝花市政策性杧果价格指数保险试点工作实施方案》,启动政策性杧果价格指数保险试点工作。保费中政府承担75%,农户承担25%。保险标的为符合当地主要生产模式、规范标准和技术管理要求,海拔低于1500m、6~25年(盛果期)能够正常挂果的杧果,投保果实必须是套袋杧果。被保险人为杧果规模化种植面积在10亩(含)以上、能够提供规范的经营档案或销售记录的大户,种植规模小的农户可以组团或者以专业合作社的名义联合投保。根据方案,当杧果的离地价格低于合同约定的目标保险价格,将启动保险机制,保险公司按照合同约定进行赔偿。试点产品每亩保额为4940元,经综合评估,目标保险价格确定为2.6元/斤,保险产量为1900斤/亩。杧果离地价格的采集和发布操作细则由国家统计局攀枝花调查队牵头制定。

(3)海南天然橡胶价格(收入)保险。天然橡胶价格(收入)保险于2018年6月落地海南省五指山市。以橡胶干胶为标的、以"价格指数"为赔付依据,对橡胶生产经营者因市场价格大幅波动,橡胶价格低于既定价格或价格指数造成的损失给予经济赔偿的一种制度安排。橡胶投保后,一旦胶价低于约定标准,就会触发保险理赔机制。按照海南省胶农割胶的平均成本以及开割意愿,报经海南省农业保险工作领导小组审定,天然橡胶保险的目标价格为干胶15元/kg,保险费率按12%收取。每亩天然橡胶以33株为基数计算,保险的平均产量为60kg,则每亩保险金额为900元(15元/kg×60kg/亩),每亩保费为108元(900元/亩×12%),省级财政给民营橡胶的保费补贴为30%,要求各市县级财政保费补贴30%,胶农自缴保费的比例为40%;海南天然橡胶产业集团股份有限公司天然橡胶收入保险的保费,省级财政补贴为40%,公司自缴保费的比例为60%。海南专门建立了天然橡胶价格采集机制,每个市县选5个乡镇,每个乡镇选两个收购点,计算出干胶收购平均价格,作为保险赔付的依据。

(4)广西油茶收入保险。2020年8月，广西壮族自治区财政厅、林业局联合发文，在全区试行油茶收入保险。保险期间内，由于自然灾害、意外事故、病虫草鼠害和市场波动造成油茶鲜果实际收入低于合同约定的每亩保险金额时，保险人按照保险合同的约定负责赔偿。试点地区8年以上树龄油茶良品约定目标收入2700元/亩，5~7年树龄油茶良品约定目标收入1800元/亩。保险费率为5%。保险保费中，财政补贴70%，农户自负30%，建档立卡贫户予以免缴。首批试点面积18万亩，覆盖试点地区所有油茶品种，满足种植不同油茶品种农户的风险保障需求。

5. 预警指数保险

重庆森林防火气象预警指数保险。2016年，重庆市永川区建立灾害预防保障措施及森林防火气象预警指数保险，灾害未发生时，保险公司提前介入，共同采取防灾措施。森林防火气象预警指数保险由人保财险重庆市分公司开发，与重庆市林业局、气象局合作建立了风险管控专家顾问组，对试点区域森林防火气象预警等级、防火工作开展情况实时监控。当气象部门发布森林防火4级(含)以上气象预警信号时，投保区域启动森林防火响应工作。被保险人产生森林防火投入损失时，视为保险事故发生，保险人按照保险合同约定承担赔偿责任，给付赔偿。

(三)经营机构

1. 主要保险机构

森林保险经办机构既有综合性财险公司，又有专业性农险公司；既有股份制公司，又有互助制公司；既有单个的商业保险公司，又有多家商业保险机构组成的共保联合体。

(1)直保机构。直保机构是指向投保人签发保单、直接承担保险责任的保险公司。2019年，全国经营森林保险业务的保险公司有21家，分别为人保财险、中华联合、国寿财险、太平洋、中航安盟、平安财险、安华农业、国元保险、北部湾、阳光财险、大地保险、中煤财产、安诚财险、中原农险、紫金保险、泰山保险、大家财险、燕赵财险、中国太平、四川锦泰、永安财险。人保财险参与了森林保险市场接近一半的业务。总体来看，全国森林保险承保集中度高，规模更大、营业网点分布更广的全国性保险公司在森林保险承保上具有绝对优势。

(2)再保险机构。再保险是保险人将其承担的保险业务，部分转移给其他保险人的经营行为。在再保险交易中接受业务的公司或其他组织为分入公司,在再保险交易中分出业务的公司或其他组织为分出公司。农业再保险是指保险公司为分散风险,通过订立再保险合同,将已承保的农业保险业务风险,以分保的形式,转移给其他保险公司,实现风险在更大的范围内分散。作为分散森林保险经营风险的有效手段之一,完善的森林再保险制度对促进森林保险发展具有重要作用。我国的森林再保险业务是伴随着政策性森林保险业务开始试点推行的。

2014年11月,在中国保险监督管理委员会的指导下,由境内具有农业保险经营资质的23家非寿险公司与中国财产再保险有限责任公司共同发起成立中国农业保险再保险共同体(以下简称中国农共体),专业从事农业再保险。截至2019年,中国农共体拥有34家成员公司,可为我国农业保险提供再保险风险保障3000亿元以上,在农业再保险市场发挥主渠道作用。2020年8月,中国银行保险监督管理委员会批复同意由财政部、中国再保险(集团)股份有限公司、中国农业发展银行、中华联合财产保险股份有限公司、中国人寿财产保险股份有限公司、北大荒投资控股有限公司、中国太平洋财产保险股份有限公司、中国平安财产保险股份有限公司、人保财险9家机构筹建中国农业再保险股份有限公司。其中,财政部为单一大股东,持股比例达到55.9%。公司正式成立后,取代2014年成立的中国农共体,成为国内农业保险市场最大的再保险业务承接机构。

国际再保险公司也积极参与了我国的森林再保险业务。瑞士再保险公司从政策性森林保险开展初期就积极参与再保险工作,在北京设立的专业农业保险团队负责包括临时分保和合约分保在内的森林再保险业务,是国际再保险公司中最大的本土化团队。

2. 经营方式

目前,保险公司通过独立经营和共保经营两种方式开展森林保险业务。独立经营,即某个森林保险经营机构独立自主经营某个地区的森林保险业务。共保经营,即某些保险经营机构组成共保联合体(以下简称共保体),共同经营某个地区的森林保险业务。

共保体由两个或两个以上保险公司组建而成,遵守统一保险条款、统一费率、统一理赔服务、统一信息平台等共保要求开展业务,是防范和控制风险的有效措施。其中一家保险公司为首席承保人,负责商洽各项承保条件，其他保险公司为共保人。成员公司按约定的比例分摊保费、承担风险、享受政策，共同提供服务。成员公司单独建账，每月进行资金清算，首席承保人将收取的保费按股份比例划拨给共保人。在灾后发生理赔时，共保人将各自应承担的赔款划转给首席承保人，由首席承保人赔付参保主体。年终结算时，共保体各成员公司按股份比例共享盈利或分担亏损。

共保体模式是一种巨灾风险分散机制，是对损失概率不确定的重大项目和罕见巨灾的一种保险制度模式。其优势在于：一是可以降低独家承保的风险，提高对化解巨灾风险的承受能力。二是有利于保险市场布局，避免不同承保主体"挑肥拣瘦"而在低风险地区或险种方面集中恶性竞争。三是有利于统一服务和标准，减少市场非理性竞争和摩擦的可能，减少因标准不同而带来的纠纷和违规风险。四是为中小保险公司参与森林保险提供了机会和经验。

3. 经办机构确定方式

根据财政部、农业农村部《关于加强政策性农业保险承保机构遴选管理工作的通知》，政策性农业保险是指由各级政府提供保费补贴的农业保险；承保机构是指保险公司及依法设立并开展农业保险业务的农业互助保险等保险组织。各地开展政策性农业保险业务，应按照客观公正、公平竞争、诚实信用的原则，通过公开遴选确定承保机构。对于承保机构在当地首创的农业保险产品，可给予首创承保机构不少于 3 年的创新保护期，保护期内由首创承保机构独家经营。公开遴选方式可以参照《中华人民共和国政府采购法》《中华人民共和国招标投标法》规定的有关方式确定。

四、森林保险的投保与理赔

(一) 投保与理赔的概念

1. 保险投保

保险人指的是与投保人订立保险合同，并按照合同约定承担赔偿或者给付保险金责任的保险公司。投保人指的是与保险人订立保险合同，并按照保险合同负有支付保费义务的人。被保险人指的是其财产或者人身受保险合同保障，享有保险金请求权的人。投保人可以为被保险人。

投保指的是机构或个人购买保险产品的过程。承保指的是保险人接受投保人的投保申请，并与投保人订立保险合同的过程。续保指的是在保单期满前，投保人和保险人双方约定以原合同承保条件或者以一定附加条件继续承保的行为。

2. 保险理赔

理赔指的是被保险人或受益人提出索赔或给付请求后，保险人搜集索赔材料并对材料进行认定、审核、调查，做出赔付或拒赔决定的过程。理赔调查指的是保险人对保险事故的性质、经过、原因、损失程度和责任认定等方面进行的调查，包括非现场调查和现场查勘。赔付指的是保险人向被保险人或受益人赔偿或者给付保险金的行为。赔款指的是保险人对保险事故造成的损失，根据合同约定向被保险人或受益人给予的经济补偿。

已决赔款指的是已立案且已结案的赔案的累计赔偿金额，包括已结案已付款和已结案未付款的赔案的累计赔偿金额。未决赔款指的是已报案但尚未结案的赔案的累计估损金额，包括已立案但尚未结案和已报案未立案的赔案的累计估损金额。

(二) 森林保险投保

1. 投保形式

森林保险可以由林业生产经营主体自行投保，也可由林业主管单位、村民委员会等单位组织林农集体投保。中央财政森林保险保费补贴的产品通常由县、乡(镇)林业部门以及村民委员会等组织集体投保，保险公司工作人员或投保组织单位的协保员向林业生产经营主体收集投保信息。商业性森林保险通常由林业生产经营主体自行投保，可直接到当地开办森林保险业务的保险公司营业网点进行投保，或拨打保险公司热线服务电话进行咨询投保。投保流程如图 3-2 所示。

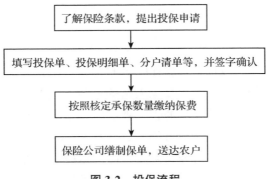

图 3-2 投保流程

投保人应当如实提供保险林木基本情况和生产技术管理情况，遵守国家以及地方有关林业管理方面的规定，接受林业部门的防灾检查及合理建议，做好防灾防损工作，维护保险林木的安全。

2. 注意事项

（1）参加保险前，要详细阅读投保单的告知内容和保险条款，尤其是注意保险责任（出现何种灾害、事故在什么条件下可以获得赔偿）、责任免除（哪些灾害、事故在什么条件下无法得到赔偿）、保险金额、投保人及被保险人权利和义务、免赔额或免赔率的计算等内容。

（2）投保单应由投保人亲自填写，不得让业务员或代理人员代签字。集体投保森林保险的，除投保单外还应填写投保分户清单。投保分户清单填写要点一般包括被保险人信息、投保标的信息、保额、费率、保费、领域赔款的账户信息等。投保分户清单由投保人确认无误后签字或加盖投保组织者公章。

（3）保险公司审核投保人提供的有关资料和被保险人资质后，通常会采用张贴公示材料，在广播、电视节目、网络上循环滚动播出，向被保险人发送投保提示短信等方式进行公示。公示期间，应关注并核对承保明细公示表内容。

（4）缴纳保费后，被保险人应索取、留存保险凭证等资料，作为理赔依据。

（5）保险期间内，如果出现保险林木转让等情形，导致保险林木的危险程度发生变化的，被保险人或者受让人应当及时通知保险人。

(三) 森林保险理赔

1. 申请保险赔款流程

（1）报案。被保险林木遭受灾害损失后，被保险人要积极采取施救措施减轻损失，同时要保护好现场，尽快向所在乡、村投保组织单位（或协保员）报案，或直接拨打签订合同的保险公司电话报案。

（2）查勘定损。保险公司会尽快安排人员进行现场查勘，核定保险林木的受损情况。保险公司按照保险合同约定，可以采取抽样方式或者其他方式核定保险标的的损失程度。采用抽样方式核定损失程度的，应符合有关部门规定的抽样技术规范。由村民委员会等单位组织林农集体投保的，应将查勘定损结果予以公示。

(3) 理算。赔偿原则要求林农有损失就赔偿，至于赔偿多少则由保险金额和损失程度确定。

(4) 核赔。保险公司收到林农或者受益人赔偿保险金的请求后，应当及时做出核定，并将核定结果通知被保险人或者受益人。对属于保险责任的，保险公司在与林农或者受益人达成有关赔偿保险金额协议后十日内，履行赔偿保险金义务。保险合同对保险金额及赔偿期限有约定的，保险公司应当依照保险合同的约定，履行赔偿或者给付保险金义务。

保险公司自收到林农赔偿请求和有关证明、资料之日起六十日内，对其赔偿保险金的数额不能确定的，根据已有证明和资料可以确定的最低数额先予支付；最终确定赔偿保险金的数额后，保险公司再支付相应的差额。

(5) 支付赔款。保险公司原则上应当通过财政补贴"一卡通"、银行转账等非现金方式，直接将保险赔款支付给农户。如果农户没有财政补贴"一卡通"和银行账户，保险公司应当采取适当方式确保将赔偿保险金直接赔付到户。理赔流程如图 3-3 所示。

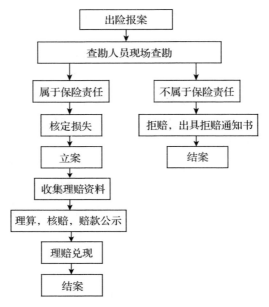

图 3-3　理赔流程

2. 森林保险赔款计算

保险林木发生保险责任范围内的损失时，可以得到保险赔偿。赔偿金额要根据条款约定的保险金额、免赔率(起赔点)、损失程度以及实际受损面积等计算确定。

$$赔偿金额 = 每亩保险金额 \times 损失程度 \times 受损面积 \times (1-免赔率)$$

$$损失程度 = 平均单位面积损失株数 \div 平均密度$$

全部损失指保险林木发生保险责任内事故全损时。全部损失按保险金额扣除绝对免赔后予以赔偿。部分损失指保险林木发生保险责任事故但未达到全部损失标准的局部损失。部分损失根据损失程度的比例赔偿。保险林木发生全部损失经一次性赔偿后，保险责任即行终止。保险林木发生部分损失经保险公司赔偿后，保险合同继续有效。

3. 注意事项

(1)保险事故发生后，被保险人应当尽力采取必要的措施，防止或减少损失。及时通知保险人，说明事故发生的原因、经过和损失情况。保护事故现场，允许并且协助保险人进行事故调查。

(2)在未发生保险事故的情况下，谎称发生了保险事故或故意制造保险事故的，保险公司不承担赔偿责任，有权解除保险合同，并不退还保险费。保险事故发生后，以伪造、编造的有关证明、资料或者其他证据，编造虚假的事故原因或者夸大损失程度的，保险公司对其虚报的部分不承担赔偿责任。

(3)森林保险的赔款应专项用于恢复造林，不得挪作他用。在实际中，由林业主管部门负责对受灾林农恢复造林进行监督，保障林业生产效益不因灾害损失而下降。

第八节 生态护林员工作

一、脱贫人口生态护林员的概念

2015年11月27日，习近平总书记在中央扶贫开发工作会议上提出"五个一批"工程，明确了"生态补偿脱贫一批"的工作思路，指出"贫困地区要想富，恰恰要在山水上做文章，可以让有劳动能力的贫困人口就地转成护林员等生态保护人员"。11月29日,《中共中央 国务院关于打赢脱贫攻坚战的决定》明确要求"结合建立国家公园体制,创新生态资金使用方式,利用生态补偿和生态保护工程资金使当地有劳动能力的部分贫困人口转为护林员等生态保护人员"。

国家林业和草原局深入贯彻落实习近平总书记重要讲话精神和中央的要求,在中央财政的支持下,综合考量贫困人口脱贫需求和森林资源管护需要,从"在一个战场打赢两场攻坚战"的角度出发,自2016年起,在集中连片特殊困难地区、国家扶贫开发工作重点县等开展建档立卡贫困人口转为生态护林员的选聘工作。

脱贫人口生态护林员即原建档立卡贫困人口生态护林员(以下简称生态护林员),是指在中西部22个省(自治区、直辖市),由中央对地方转移支付资金支持购买劳务,受聘参加森林、草原、湿地、荒漠、野生动植物等资源管护的人员。

二、生态护林员选聘

国家林业和草原局自2016年起开展生态护林员选聘工作。2016年,利用中央财政补助资金20亿元,在河北、山西、内蒙古、吉林、黑龙江、安徽、江西、河南、湖北、湖南、广西、重庆、四川、贵州、云南、西藏、陕西、甘肃、青海、宁夏、新疆21个省(自治区、直辖市)范围内集中连片特殊困难地区和国家扶贫开发工作重点县的766个县(市、区),选聘生态护林员28.8万人,精准带动108万人稳定脱贫或增收。2017—2019年,中央财政补助资金逐年递增,将选聘范围扩大到重点生态功能区转移支付补助县及海南省,并将草原、湿地、沙化土地一并纳入管护范围。截至2019年,中央财政投入规模达59亿元,加上地方投入,全国共选聘生态护林员100万人,带动300多万人脱贫或增收。2020年,中央财政补助资金增加5亿元,投资达64亿元。2021年、2022年、2023年中央财政补助资金均稳定在64亿元,2016年以来共投资329亿元。

自开展生态护林员选聘工作以来,国家林业和草原局(原国家林业局)联合财政部、国务院扶贫办每年下发《关于开展建档立卡贫困人口生态护林员选聘工作的通知》,包括《建档立卡贫困人口生态护林员选聘办法》[自2018年改为《建档立卡贫困人口生态护林员管理办法》(以下简称《管理办法》)]、《贫困人口转为生态护林员实施方案技术纲要》《建档立卡贫困人口生态护林员选聘实施方案编制提纲》，指导生态护林员选聘工作。经过几年来的反复调研、修改，已经基本形成较为成熟的生态护林员选聘体系。根据《生态护林员管理办法》，生态护林员选聘体系包括以下内容。

1. 选聘原则

生态护林员选聘坚持自主自愿、公正公开、规范管理的原则。

2. 选聘条件

(1) 热爱祖国，遵纪守法，责任心强。

(2) 脱贫人口。

(3) 身体条件能够胜任野外巡护工作。

(4) 能够在当地长期稳定从事管护工作。

3. 选聘程序

(1) 公告。乡镇人民政府发布选聘公告，村民委员会张贴选聘公告，明确选聘资格、条件、名额，选聘程序、方式以及聘用后的劳务关系，管护任务和报酬，报名方式和需要提交的材料等内容。

(2) 申报。个人自愿申请，通过村民委员会向乡镇人民政府或者林业站提交申报材料。

(3) 审核。林业站组织对申报材料、个人条件等方面进行审核，初核名单交乡镇乡村振兴机构复核后报乡镇人民政府同意，并将审核结果反馈村民委员会。

(4) 公示。村民委员会将拟聘的生态护林员名单进行公示。

(5) 聘用。公示期满，经县级林业和草原、财政、乡村振兴部门共同审定后，根据县级人民政府有关规定，由乡镇人民政府或者由乡镇人民政府委托村民委员会(社区)与生态护林员签订管护劳务协议。

4. 解聘

生态护林员实行相对稳定的动态管理，由于以下原因不能履行管护责任的，应当按照管护劳务协议予以解聘。同时，按程序及时予以补聘。

(1) 主动要求退出。

(2) 身体条件不能胜任管护工作。

(3) 违反管护协议、考核不合格。

(4) 易地搬迁远离管护区，或者因外出务工、上学、治病等原因，本人无法履行管护责任。

(5) 其他原因无法正常履行管护责任。

三、生态护林员管理

(一) 生态护林员管理体系

生态护林员管理工作由国家林业和草原局、财政部和国家乡村振兴局（原国务院扶贫开发领导小组办公室）协同开展。国家林业和草原局负责指导和监督生态护林员管理，对各省生态护林员管理、培训等实行绩效考核，提出分省生态护林员补助资金分配建议，做好预算绩效管理，督促和指导地方做好资金使用监督工作等。财政部负责生态护林员补助资金年度预算编制并审核下达资金，组织开展预算绩效管理和预算监管，指导地方加强资金使用管理监督等。国家乡村振兴局负责指导各地审核生态护林员脱贫人口身份工作。

生态护林员管理上下联动，省级林业和草原主管部门制定生态护林员管理实施细则，协调和指导生态护林员选聘与管理工作，做好数据汇总和信息报送，并对各地生态护林员管理、培训等情况进行考核；根据职能参与资金分配，负责资金的具体使用管理和监督、项目组织实施及预算绩效管理具体工作等。省级财政部门负责预算分解下达、组织预算执行、资金使用管理和监督以及预算绩效管理工作等。省级乡村振兴管理部门负责督导核实生态护林员身份。县级林业和草原主管部门负责制定县级生态护林员管理制度和实施方案，指导乡镇人民政府开展选聘及相关管理工作，并对生态护林员联动管理系统使用过程中产生的信息的安全性、准确性、真实性负责；根据职能参与资金分配，负责资金的具体使用管理和监督、项目组织实施及预算绩效管理具体工作等。县级财政部门负责预算分解下达、组织预算执行、资金使用管理和监督以及预算绩效管理工作等。县级乡村振兴部门负责生态护林员身份审定。

2017年12月29日，下发了《国家林业局关于调整林业扶贫开发领导小组及办公室成员的通知》，领导小组组长由局党组书记、局长张建龙担任，副组长由局党组成员、副局长李春良担任，成员由局办公室、政法司、造林司、资源司、保护司、林改司、科技司、人事司、场圃总站、工作总站、基金总站、宣传办、天保办、三北局、退耕办、治沙办、速丰办、湿地办、经研中心、林科院、报社等单位的主要负责人组成。领导小组办公室设在计财司，下设综合组、片区组、护林员组。护林员组由工作总站两位同志组成，主要任务是负责管理生态护林员，制定生态护林员选聘办法、管理意见，指导各地加强生态护林员队伍建设，建立生态护林员信息统计系统，指导林业站扶贫工作。2018年12月26日，下发了《国家林业和草原局办公室关于成立林业和草原扶贫开发工作领导小组通知》，根据机构改革情况调整了领导小组成员和领导小组办公室组成，办公室下设综合组、定点组、项目组。项目组主要任务包括：负责生态护林员、草管员选聘管理，推进退耕还林还草工程、防护林体系建设等国土绿化工程项目精准落实到贫困县、乡、村，推广扶贫造林（种草）专业合作社脱贫模式，指导贫困地区发展生态产业扶贫，开展科技扶贫工作。加强生态护林员、草管员、退耕还林还草、扶贫造林（种草）专业合作社等信息统计，精准到人到户到收益。2021年4月1日，下发了《国家林业和草原局办公室关于将国家林草局扶贫工作领导小组调整为国家林业和草原局乡村振兴与定点帮扶工作领导小组的通知》，调整了领导小组及办公室组成，领导小组组长由局党组书记、局长关志鸥担任，副组长由局党组成员、副局长李春良和局总工程师闫振担任。工作总站仍是成员单位，承担生态护林员选聘管理等工作。

林业站是林业工作的基石，是林业部门最基层的服务机构，是生态护林员选聘管理工作的最终落脚点，具体配合乡镇人民政府开展生态护林员日常管理工作。

（二）生态护林员管理内容

1. 日常管理

林业站配合乡镇人民政府负责生态护林员选聘、续聘，建立健全生态护林员管理档案，及时更新上报生态护林员动态变化情况，组织生态护林员按照管护劳务协议开展业务工作，加强生态护林员日常管理。

2. 培训

县级林业和草原主管部门编制生态护林员培训规划；林业站应当加大生态护林员培训力度，每年组织开展生态护林员岗位职责、法律法规、林草防火、常见森林草原有害生物防治等基础知识及实用技术、安全防护等方面的培训。

3. 考核

县级林业和草原主管部门建立健全生态护林员考核机制；林业站、村党支部委员会和村民委员会按照考核要求对生态护林员进行考核，并且考核结果与生态护林员管护劳务报酬挂钩。

（三）生态护林员工作职责

生态护林员工作职责主要包括四部分：一是学习宣传林业和草原法律、法规、政策和科技知识。二是对管护区内的森林、草原、湿地、荒漠、野生动植物等资源进行日常巡护，人均森林管护面积不得少于500亩，人均湿地、荒漠等资源管护面积不得少于2000亩，人均草原管护面积不得少于3000亩。三是对管护区内发生的森林和草原火情、火灾、有害生物危害情况，乱砍滥伐林木、乱征滥占林地、乱垦滥占草原、违规占用湿地、乱捕滥猎野生动物、乱采滥挖野生植物、干扰破坏野生动植物生境、违反草原禁牧休牧和草畜平衡规定等破坏资源，以及毁坏有关宣传牌、标志牌、界桩、界碑、围栏等管护设施的行为，要及时报告，能制止的应当及时予以制止。四是做好管护劳务协议规定的其他工作任务。

各地可在符合条件的生态护林员中培养林草科技推广员。鼓励生态护林员在完成管护任务的基础上，积极参与林草生态建设、林下经济等产业发展，增加个人收入。各地不可安排生态护林员从事与林草行业无关的其他工作。

（四）生态护林员劳务报酬和工作保障

中央财政按照生态护林员劳务报酬标准即人年均1万元进行测算。各地结合本地实际情况统筹考虑上一年度选聘的生态护林员管护补助标准、管护面积、管护难易程度以及原有生态护林员劳务报酬水平等因素，确定具体劳务报酬标准。

对于生态护林员的工作保障方面，各地可以结合实际，根据本省财力筹集资金，为生态护林员购置简易装备、人身意外伤害保险。林业站配合乡镇人民政府负责划定林草资源网格，将生态护林员纳入林草资源网格化管理；配合乡镇人民政府开展生态护林员选聘、续聘；建立健全生态护林员管理档案，及时更新上报生态护林员动态；组织生态护林员按照管护劳务协议进行巡护。

(五)生态护林员管理存在的问题

1. 政策理解不到位

在政策实施初期,部分地区在落实生态护林员项目时,只是将劳务报酬发放到贫困户手中以达到增收脱贫的目的,没有把生态护林员选聘工作作为完善我国生态保护体系的举措来落实,所以产生了"超范围选聘""盲目摊饼""轮流坐庄"等问题。

(1)"超范围选聘"。一是超选聘条件范围,《中共中央 国务院关于打赢脱贫攻坚战的决定》要求,有劳动能力的部分贫困人口转为护林员等生态保护人员。《管理办法》中也明确要求,生态护林员的身体条件要能胜任野外巡护工作。但在政策落实初期,部分地区将身体条件无法胜任巡护任务、常年外出务工等不符合选聘条件的人员选聘为生态护林员。二是超项目实施范围,个别省份利用中央财政资金在重点生态功能区转移支付县、集中连片特殊困难地区、国家扶贫开发重点县以外的县(市、区)开展生态护林员选聘工作。"超范围选聘",一方面,导致生态护林员队伍质量下降,护林管理难度加大,影响护林效果;另一方面,不利于生态保护后备力量队伍的建设。

(2)"盲目摊饼"。生态护林员劳务报酬标准为人年均 1 万元,能够实现"一人护林全家脱贫"的目的。各地可结合本地实际情况统筹考虑管护面积、管护难度和原有护林员补助水平,确定具体劳务报酬标准。但是部分地区通过降低生态护林员的劳务报酬,盲目扩大选聘人数,导致人年均劳务报酬过低,带动脱贫效果不明显。同时,护林员缺乏护林动力,护林工作不够积极认真,影响护林队伍稳定性,无法达到在一个战场打赢两场攻坚战的目的。

(3)"轮流坐庄"。部分地区以"已脱贫为由",一年一批轮流更换生态护林员,以此来扩大扶贫效果。《国家林业局计财司关于规范建档立卡贫困人口生态护林员续聘选聘工作的通知》明确规定,脱贫的建档立卡贫困人口符合条件的应当续聘。《管理办法》明确规定,尚未脱贫或者已认定脱贫但按规定仍继续享受相关扶贫政策、认真履行护林职责且符合选聘条件,年度考核合格的应当予以续聘。通过技能培训和实践,生态护林员巡山护林能力逐渐提高,"轮流坐庄"一年一换,一定程度上增加了生态护林员培养成本,导致护林员队伍不稳定,难以持续有效发挥巡护山林作用。

"轮流坐庄"与生态护林员政策实现脱贫增收与生态保护双赢的初衷相违背,也不符合中央"脱贫摘帽四不摘"等精神。

针对政策理解不到位出现的问题,各地要认真研究政策,加强对管理人员政策方面培训,使政策落实不走样。

2. 生态护林员巡护保障不足

中央财政补助资金主要用于生态护林员管护劳务报酬支出,防护服、砍刀、户外鞋、手电筒、求生哨、绳索等野外巡护必要装备缺乏资金配备,人身意外伤害保险也缺少明确资金来源,生态护林员的巡护保障有待加强。《管理办法》明确规定,各地可结合实际,从生态护林员补助资金总量中,或根据本省财力筹集资金,为生态护林员购置简易装备、人身意外伤害保险。补助资金支出部分比例由各地结合实际情况制定,地方需要将补助资金支出比例落实到相关文件、协议中,并对生态护林员做好相关政策解读工作。

3. 生态护林员业务培训力度不够

生态护林员受教育程度普遍不高、文化水平偏低,调研发现,大多生态护林员文化水平在初中及以下,对其进行必要的专业知识普及和技能培训尤为重要。但由于贫困县地方财政困难,生态护林员选聘、培训等工作经费不足,导致培训工作常常是"以会代训""以检代训",形式和内容十分单一,培训效果不理想,一定程度上影响了林草资源管护成效。

很多地方都制定了生态护林员培训、管理的相关文件,各管理人员要严格落实文件规定,充分发挥各方面积极性,认真做好培训和管理。

四、生态护林员工作评价

生态护林员政策实施以来,成为精准脱贫和生态保护双赢的民心工程,受到了地方党委政府和贫困地区群众的高度赞誉,政策实施成效显著。

1. 助力脱贫攻坚

2016年起,21个省、自治区的基层林业站参与了生态护林员选聘与管理工作,直接指导管理生态护林员75.7万人,为脱贫人口就业、巩固脱贫成果开拓了新思路。生态护林员政策实施以来共选聘生态护林员110万名,带动超过300万贫困群众实现增收和脱贫。生态护林员通过劳动有尊严地实现了脱贫增收，起到了积极示范作用，使其他想脱贫人口从中看到了脱贫的希望，增强了他们通过辛勤劳动实现致富的信心和决心，激发了内生动力。

2. 筑牢生态安全屏障

生态护林员充实了基层急需的生态保护队伍，织密筑牢了生态资源保护网，加强了生态资源保护的整体力量，扩大了生态资源的管护范围，较好地保护了森林、草原、湿地、沙化土地及野生动植物资源，成效明显。贵州省森林火灾由2015年的153起锐减至2019年的10起，森林火灾受灾率由0.007%大幅下降到0.000 19%；林业有害生物成灾率由0.012%锐减至0.0057%；森林覆盖率由2015年的50%提高到2018年的57%，"两江"上游生态安全屏障更加安全稳固。广西壮族自治区从2015—2019年，67个项目县林业有害生物发生面积降低4.3%，病虫害发生率降低11.3%，14个县（市、区）森林火灾发生次数降低59.1%，受害森林面积降低47.7%。

3. 巩固边疆国土生态安全

吉林、云南、新疆、广西等边疆省份在生态护林员选聘工作中，积极向沿边乡镇、沿边村庄（社区）倾斜，促进建档立卡贫困边民在边境村寨就地脱贫，守边固疆，安居乐业。边境地区的生态护林员不仅是森林资源的守护者，更是守土巡边的国土卫士，发挥了生态保护、减贫脱贫和强边固防等多重效应。云南省贡山县独龙江乡的195名生态护林员，常年穿梭在崇山峻岭间，守护着祖国97.35km的边境生态安全。

4. 促进社会和谐稳定

将符合条件的脱贫人口就地转化为生态护林员，让其在家门口就业增收，脱贫的同时更有利于化解外出务工带来的空巢老人、留守儿童、夫妻分居、病残无人照顾等社会问题，促进了家庭与社会的和谐稳定。新疆维吾尔自治区将86%的生态护林员指标用到南疆四地州等边境少数民族地区，选聘少数民族脱贫人口成为生态护林员，帮助其实现稳定增收，有利于维护民族团结，促进和谐稳定。

第四章

林业站队伍建设

第一节 林业站人员素质能力

党的十八大以来，中共中央做出了大力推进生态文明建设的战略部署，确立了创新、协调、绿色、开放、共享的新发展理念，对林业工作提出了新的要求。特别是随着林业现代化建设和扶贫攻坚任务的逐步深入，广大林农参与林业发展、依靠林业脱贫的积极性越来越高，对林业知识和技术的渴求也越来越强烈，对基层林业站干部队伍的素质能力提出了新的更高要求。中共中央下发的《干部教育培训工作条例》和《2018—2022年全国干部教育培训规划》中明确提出了对基层干部开展培训的要求。2014年中共中央下发的《关于加强乡镇干部队伍建设的若干意见》强调，乡镇干部是党在农村基层的执政骨干、联系群众的桥梁和纽带，要加强培养锻炼，提高乡镇干部能力素质。2017年《国家林业局关于加强和改进林业工作站培训工作的指导意见》（以下简称《指导意见》）提出"持续推进林业站培训工作，切实增强林业站培训的计划性、统筹性、针对性、实效性和科学性，全面提升林业站培训的质量，全面提升林业站队伍综合素质和履职能力"，并强调"重点抓好基层林业站站长能力提升""重点抓好基层林业站站长的岗前（初任）培训、知识更新和能力提升培训"。中共中央一系列的重要决策部署及国家林业和草原局根据新形势新任务采取的系列举措，对切实加强林业站培训工作，全面提升林业站干部队伍素质能力提出了迫切要求。

基层林业站干部素质能力强弱、作风好坏，直接关系党和国家林业方针政策的落实。加强林业站干部队伍政治思想教育、专业知识更新，不断提高林业站队伍的综合素质和整体能力,对于促进党和国家林业方针政策更好地"落地"实施具有重要意义。

下面从林业站人员胜任工作需要具备的素质、能力、知识三个方面,结合林业站岗位职责要求和具体工作内容,列出相应的要求,推动林业站针对性开展培训工作,提升林业站队伍整体素质和能力。

一、素质要求

林业站人员的核心素质包括政治素质、群众意识、法治意识、责任意识、奉献意识等。

《关于加强乡镇干部队伍建设的若干意见》提出,加强思想政治建设和作风建设,引导乡镇干部继承和发扬实事求是、艰苦奋斗、勤俭节约的优良传统和作风。作为基层林业工作者,坚定理想信念非常重要,这有利于主观世界的改造,能够深入理论学习。坚定理想信念有利于增强世界观改造力度,牢固树立起正确的世界观、人生观和价值观。提高林业站工作人员政治素质,就要深入学习贯彻习近平总书记关于生态文明的重要论述,牢固树立绿色发展的理念,全面提高林业站干部职工生态文明意识。要加强理想信念、政治理论、林业方针政策等学习,强化林业站干部职业道德教育、岗位职责教育、站风建设教育和预防职务犯罪警示教育等。同时要坚持理论指导实践,坚持把学习作为一种精神追求、政治责任,进一步提高对理论学习重要性的认识,增强学习的自觉性、主动性。坚持学用结合、学以致用。坚持集中学习和个人自学相结合,认真学习贯彻党中央重要讲话精神,改进工作作风、密切联系群众、加强党的建设,武装头脑、指导实践、推动工作。

党的十九大报告指出,要不断增强党的"群众组织力"。基层干部只有和群众坐在一条板凳上,倾听群众的真心话,才能真正体察疾苦,掌握实际情况。基层干部应多些群众思维,是因为只有秉持全心全意为人民服务的根本宗旨,凡事多从群众的角度思考问题,才能够让群众更加理解自己的出发点。只有让群众感受到自己的真诚,让群众真正理解党委政府的决策,从而把群众拧成一股绳,最终迸发出强大的能量,促进基层发展越来越顺畅,以形成良性循环。林业站作为基层工作的统筹和监管单位,分布广泛,与林农联系密切,往往处在各种矛盾和冲突的中心地带,处于与群众直接接触并解决问题的前沿位置，责任大、任务重。只有把林农的利益放在心上，才能真正把林业站的工作做好。这需要林业站人员树立全心全意为林农服务的群众观念，增强服务意识，扎实做好服务群众各项工作。

对于基层林业工作人员来说，法治意识是最重要的核心素质之一。这主要包括对林业相关法律、法规的了解程度，工作中依法办事的观念，当自身合法权利受到威胁时通过法律途径进行解决的意识等。法治理念是在长期的法律知识学习过程中所形成的一种理念，在思想上真正认识法律的最高权威性，在履行执法职责中要把公正执法作为自己的唯一天职。在全面推进依法治国的进程中，基层林业工作者要牢固树立法治意识，坚持把学法、模范守法作为树立法治意识的关键。让广大群众更多地从法治实践中感受法律的权威、树立法律的信仰、确立法治的意识。

责任意识、奉献意识属于职业道德范畴，也是林业站工作人员应具备的核心素质。林业站是面向林农的服务窗口，工作条件艰苦，地理位置偏僻，荆棘丛生，交通不便，信息闭塞。林业站工作烦琐、辛苦，既是一项政策性、技术性强的工作，又是一项野外作业多、劳动强度大的工作。因此林业站人员既要懂政策、懂技术，又必须具备顾全大局、吃苦耐劳、愿意付出的态度和品质。同时，要增强责任意识，提高担当能力，时刻提醒自己要把群众利益放在心中、落实到行动中。

二、能力要求

林业站既有管理职责又有服务职能，是林业各项工作的"落脚点"，涵盖了包括生产、管理、组织等基层林业工作的全过程和各方面。《中共中央 国务院关于加快林业发展的决定》中提出，要充分发挥林业站的政策宣传、资源管护、林政执法、生产组织、科技推广和社会化服务等职能和作用，明确了林业站的六大职能。随着我国经济建设和生态建设的不断推进，林业站的职能作用有了新的变化和要求。地处基层、熟悉农村情况的林业站在脱贫攻坚中发挥着极其重要的作用，生态扶贫成了新时期林业站的一个新职能。2019年《关于加快农业保险高质量发展的指导意见》为森林草原保险的未来发展指明了方向，基层林业站需要一大批熟悉森林保险的业务队伍，保障相关政策的顺利执行，因此林业站森林保险职能作用也日益凸显。此外，林业站加强了社会服务的职能，进一步突出了国土绿化职能。这些职能上的变化，对林业站工作人员的能力素质提出了更高的要求。

通过分析林业站岗位职责，结合职责对应的具体工作内容，林业站工作人员应具备以下主要能力：计划组织能力、应急处置能力、学习能力、政策把握能力、资源管护能力、宣传教育与组织能力、林政执法能力、技术推广与服务能力、社会服务能力。

计划组织能力为通过建立组织结构、拟定工作步骤、明确责权关系，促使组织成员相互协作配合、有效实现组织目标的能力。应急处置能力为遇到紧急突发事件时的应变能力，如林业自然灾害、社会安全事件等突发事件发生时，确保工作可持续发展的能力。学习能力为评价一个人获取、理解和加工相关信息知识，不断更新知识结构、提高工作水平的能力。政策把握能力为准确把握林业相关法律法规和各项政策，并能够结合实际情况创造性地开展工作的能力。资源管护能力为依法保护、管理野生动植物资源，开展营造林技术指导、林木采伐管理、公益林监管、林地树木管护、森林病虫害防治与检疫以及森林防火等工作的能力。宣传教育与组织能力为宣传林业相关法律法规和政策，提高群众知法守法意识，推动各项管理工作的能力。林政执法能力为贯彻林业政策法律法规，依法保护资源，打击违法行为的能力。技术推广与服务能力为推广、普及林业实用技术，提供技术指导和咨询服务，开展相关培训的能力。社会服务能力为通过开展"一站式""全程代理"便民服务、指导扶持林业经济合作组织、林农培训、森林保险等多种途径，为林农提供服务的能力。

三、知识要求

以"干什么学什么、缺什么补什么"的原则，林业站工作人员要有针对性地学习、掌握履行岗位职责所必备的各种知识，进一步提高业务学习能力。加强理论联系实际，在实践中加深对理论知识的理解，在实践的过程中用理论去研究、分析和总结，不断锻炼自己、提高自己。

林业站工作人员应具备的知识可以分为基础知识和专业知识。基础知识包括政治理论、政策法律、管理学等知识。《指导意见》中对林业站工作人员主要培训内容、培训重点领域和知识提出了相应的要求。其中提出要加强基层林业站干部理想信念、政治理论、林业方针政策等方面的学习，要加强管理知识培训，提升科学管理能力。专业知识包括林业政策法规、森林培育、森林病虫害防治、植物检疫、森林防火、林木栽培技术、果树栽植、林下经济、集体林木管理、采伐管理、野生动植物保护、森林保险、林业信息技术等内容。《指导意见》中强调，要加强法律法规培训，提升依法行政能力；加强专业知识培训，重点强化基层林业站长林业新技术、新材料、新方法应用的技术培训；加强集体林权制度改革新趋势、新政策、新经验等方面的培训，提升综合业务能力。

林业站人员所需的知识可以结合他的素质和能力要求对应列出知识要求。例如，林业站资源管护职能，对应的素质要求包括要有一定的法治意识、责任意识，必须具备资源管护能力和应急处置能力；对应需要具备的知识包括林业政策法规、公益林管理、森林资源保护、采伐设计、森林培育、森林病虫害防治、植物检疫、森林防火、科学技术、器材保养知识、管理学等。

第二节　林业站队伍教育培训

一、教育培训政策要求

中共中央办公厅印发的《关于加强乡镇干部队伍建设的若干意见》中提出，要加强培养锻炼，提高乡镇干部能力素质。加强思想政治建设和作风建设，引导乡镇干部继承和发扬实事求是、艰苦奋斗、勤俭节约的优良传统和作风。建立健全乡镇干部密切联系群众制度，牢固树立群众观念，扎实做好服务群众各项工作。加大教育培训力度，注重实践锻炼，选派乡镇干部到上级机关、企事业单位学习锻炼，组织发达地区和欠发达地区互派乡镇干部挂职锻炼，不断提高乡镇干部的能力素质。

《国家林业局关于进一步加强乡镇林业工作站建设的意见》中指出，完善和优化林业站培训手段，建立健全分级分类培训机制，定期开展培训，实施"林业站专家型人才培养"计划，持续开展林业站站长能力测试，不断提高林业站人员的综合管理服务能力。鼓励职工参加在职培训和学历教育，更新知识结构，提升能力素质。加强林业站干部职工培养，积极落实职级晋升、工资待遇和社会保障等优惠政策，吸引更多的优秀人才向林业站流动。加强队伍思想教育和廉政建设，打造扎根基层、艰苦奋斗、爱岗敬业、无私奉献的优良作风。

中共中央印发的《干部教育培训工作条例》是党的十八大以来干部教育培训工作的一项最新制度成果，为加强和改进干部教育培训工作明确了地位、指明了方向、完善了体制，并在政治性、实效性、严肃性、规范性和时代性等方面提出具体要求，规范干部教育培训要从整合教学资源、优化教学设计、强化师资队伍三方面着手，着力提升干部教育培训质效。

《指导意见》中指出，加强重点地区林业站主要岗位人员培训，确保人均年脱产培训学时不低于90学时；加强林业站远程教育和网络培训学习，实现网络学习全员覆盖，人均网络培训50学时以上；加强林业站专家型人才培养；加强林业站学历继续教育。

中共中央印发的《2018—2022年全国干部教育培训规划》中指出，把提高政治觉悟、政治能力贯穿全过程，坚持政治统领、服务大局，坚持以德为先、注重能力，坚持精准培训、全员覆盖，坚持改革创新、共建共享，坚持联系实际、从严管理，围绕建立源头培养、跟踪培养、全程培养的素质培养体系深化干部教育培训改革，着力提高培训针对性有效性，高质量教育培训干部、高水平服务党和国家事业发展，为决胜全面建成小康社会、夺取新时代中国特色社会主义伟大胜利、实现中华民族伟大复兴的中国梦提供有力保证。

二、教育培训的内容

(一) 党的基本理论教育

坚持把马克思主义中国化最新成果作为理论教育中心内容，把马克思主义经典著作导读课作为重要课程，抓好马克思列宁主义、毛泽东思想学习教育，抓好中国特色社会主义理论体系学习教育，引导学员系统掌握马克思主义基本原理和立场观点方法。紧跟党的理论创新步伐，把深入学习习近平总书记系列重要讲话精神作为重中之重，做好讲话精神进教材、进课堂、进学员头脑工作，引导学员坚持读原著、学原文、悟原理，坚持及时学、跟进学、深入学，坚持学而信、学而用、学而行，坚定中国特色社会主义道路自信、理论自信、制度自信、文化自信，提高分析和解决实际问题的能力，更好地用讲话精神武装头脑、指导实践、推动工作。

（二）党性教育

党性教育课要以习近平新时代中国特色社会主义思想为指导，引导党员干部自觉增强"四个意识"、坚定"四个自信"、做到"两个维护"。要加强理想信念教育，教育引导党员干部挺起共产党人的精神脊梁，解决好世界观、人生观、价值观这个"总开关"问题，自觉做共产主义远大理想和中国特色社会主义共同理想的坚定信仰者、忠实实践者。要加强党章学习培训，加强党规党纪特别是政治纪律和政治规矩教育，加强党的宗旨和作风教育，加强党内政治文化教育，开展政德教育等。

（三）专业化能力培训

紧紧围绕生态文明、林业发展新格局建设需求，以森林培育、森林生态修复、生态工程建设、荒漠化防治、湿地保护、古树名木保护、生物多样性、森林经营、林业有害生物防治、生态监测、资源评估、经济林、生物质能源、新材料、林木良种、应对气候变化、森林城市建设、林业信息化等领域为重点，加速培养各类紧缺骨干人才。面向天然林保护等国家林业重点生态工程建设方面人才，开展退化天然林生态恢复技术、湿地生态监测与修复技术等关键技术培训。面向林业产业重点工程建设方面人才，开展木本粮油、森林旅游休闲康养、特色经济林、林下经济、花卉苗木、竹产业、林业生物等培训。面向野生动植物保护和生物多样性保护方面人才，开展林业自然保护区建设管理、野生动物植物资源调查、珍稀野生动植物资源动态监测技术、野生动植物栖息地生态恢复技术、野生动植物繁育利用技术、野生动物疫源疫病监测防控技术、生物多样性跨界保护等培训。

（四）知识培训

面向非林专业背景的新录用毕业生和军转干部、新任用领导干部，开展林业基础知识、林业基本情况、林业建设任务、林业专业知识、林业基础工作内容以及业务管理等内容的培训，帮助他们尽快适应岗位工作。力争广大干部履职的基本知识体系不断健全、知识结构不断改善、综合素养不断提高，复合型领导干部的培养取得新进展。加强法律法规学习培训，开展经济、文化、生态文明等各方面基础性知识学习培训，开展互联网、大数据、云计算、人工智能等新知识新技能学习培训，帮助干部完善履行岗位职责必备的基本知识体系，提高科学人文素养。抓好总体国家安全观、应急管理、知识产权、心理健康等方面学习培训。

三、教育培训的措施

(一)开展示范性培训

围绕重点，实施精准培训。要深刻理解当前党和国家绿色发展战略，全面掌握现阶段林业新任务、新要求，围绕"强化森林资源保护、组织完成好造林绿化任务和提升公共服务水平"三项重点任务，坚持问题导向，摸清人员专业情况、需求状况，努力做到因人、因需培训，缺什么补什么，科学设置内容，增强培训的实用性和目的性。做好"基层林业站站长能力提升、主要岗位人员培训、基层林业站人才队伍培养、生态护林员队伍培训、林业站远程网络培训和林业站人员学历继续教育"等任务，开展岗位和业务示范培训，发挥引导示范作用。针对不同地区、不同领域人员特点，分领域、分专题举办教育培训示范班，更好地发挥培训示范的带动引领作用，拓展示范培训范围，扩大示范培训的辐射力和影响力。

(二)完善分级分类培训机制

坚持分类培训、分级管理，是实现干部职工教育培训统一性与差异性、系统性与针对性有机结合的重要方法。在分类培训上，各地要以"管理、技术"人才队伍培训为基础，把基层林业站干部职工培训的普遍性要求与不同类别、不同层次、不同岗位干部职工的特殊需要结合起来，有所侧重地开展培训，做到各取所需。在分级管理上，各地要明确各级工作职责，落实工作责任制，各司其职、各尽其责，实行目标管理，逐级分解任务，合力抓好基层林业站干部职工的培训工作，形成上下联动、一级抓一级、层层抓落实的良好工作格局。

(三)线上线下结合培训

线上线下结合培训是干部职工教育培训的重要方法。一是线上培训侧重知识传播，学员在线下培训前，利用碎片化的时间随时随地进行自主选学。线下培训侧重集中交流研讨，围绕工作中的重点难点问题开展讨论，学习典型经验，激发思维创新。二是线上培训利用信息化的手段，提供全面的学习管理，可以从培训报名开始至培训结业全过程进行学习组织、档案记录、证书发放等工作，提高培训效率。线下培训利用开班结业活动、团队建设、课间游戏等多种形式增加培训活动的仪式感，促进情感交流，提升培训效果。三是线上培训提供精准的在线能力测试，帮助广大林草干部查找知识体系中的薄弱环节，有针对性地加强学习，弥补知识漏洞，提高素质能力。线下培训通过组织知识竞赛等，可加强培训考核监督，促进学习活动。

（四）以赛代训促提升

2011年开展的全国林业站站长能力测试，按计划全面完成了首轮3万余名林业站站长能力培训、测试任务，测试平均合格率在90%以上，达到了"以测促培、以培促能"的目的，在增强林业站站长学习主动性，推动林业站系统培训工作，及时掌握站长的能力素质，引起各级领导对林业站培训工作的重视等方面意义非常重大，是提升林业站队伍能力素质的重要举措。适度开展能力测试和知识竞赛等活动，可全面考察和展示林业站干部职工的综合专业能力和职业素养，通过以赛促学、以赛促练、以赛促干，激发"学技术、练本领、比技能"的"追赶超越"热潮，进一步完善人才培养方案和专业技能训练考核方案，推动教育培训的改革和发展，不断提高专业人才培养质量，促进互相学习与交流，培养更多、更出色的高技能应用型人才。

（五）创新面授培训方式方法

创新是推动事业向前发展的不竭动力。我国幅员辽阔，地方差异大，基层林业站干部职工的培训需求千差万别，不能"一张方子开药"，搞"一刀切""一锅煮"。各地要牢固树立按需培训的理念，以问题为导向、以基层要求为重点、以地域为特色，根据不同对象、不同内容，综合运用流动课堂、情景模拟、现场教学、乡土案例教学等各种方法，力求培训主体、培训对象、培训方法、培训管理有机组合，科学安排，追求最佳教学效果，使基层林业站干部职工真正愿意学、听得懂、学得会、用得上。常见的培训方式有：一是讲授式教学。以教师为主导，教师按照学员认识活动的规律，有计划、有目的地组织和控制教学过程，目的在于使学员系统地掌握基础知识和基本技能。其优点在于：教师可以充分发挥主导作用和正面教育的作用，可以一次教授众多学员，而且学员能够在单位时间内掌握较多的信息，信息传输效率比较高。二是研究式教学。把研究问题贯穿于教学全过程，以学员研究问题为主、教师讲授知识为辅，通过教学双方互动实现过程控制的教学方式。以学员为主体、以教师为主导，目的在于提高学员的自主学习能力、实践能力和创新能力。三是案例式教学。把实际工作中的真实事例加以典型化处理，通过学员的独立研究和相互讨论，来提高学员分析和解决问题能力的一种教学方法。学员运用已学的知识解决案例中的实际问题，而不是单纯为了获得一些新知识。四是模拟式教学。模拟具体工作情景，通过对被测对象的行为加以观察与评估，从而鉴别、预测受训者的各项能力与潜力的一种教学方法。可以通过角色演练、使用教学器材、借助计算机辅助系统等方式实施。模拟后，教师将录下的节目一一回放，和学员一起分析，帮助学员克服不足，提高学员相关方面的能力。

（六）创新培训体系

一是改进培训班次设置方式。推广专题研究、短期培训、小班教学，突出按干部类别开展培训，要着眼于增强干部培训效果，不断改进并不断提高干部教育培训科学化水平，以达到干部教育培训目的，切实增强干部政治素质、文化素质、道德素质和能力素质。二是建立异地培训、挂职培训、分段式培训机制，探索干部免职脱岗培训、后备干部个性化定制培训制度。实行"本地党校培训、社会调查研究、异地参观考察、基层挂职锻炼"四段式培训。本地党校培训是学习党的执政能力、先进性建设等基础理论及其在地区经济社会发展实践中的运用，提高学员的理论思维能力。社会调查研究是到基层相关领域开展调查研究，并形成调研报告，为决策提供参考和建议。异地参观考察是以发达地区的成功经验启迪学员思维，开阔学员眼界。基层挂职锻炼增强学员的实际工作经验。要突出实践锻炼，增强学员培训效果，让学员深入基层，开展调查研究，熟悉和了解当地的基本情况、发展战略、工作重点以及社情民意、人文环境，融入当地的干部群众、融入当地的生产生活、融入当地的改革发展实践。与此同时，积极探索干部免职脱岗培训、后备干部个性化定制培训制度，增强干部培训的实效性，取得实际培训效果。三是探索跨地区、跨部门、跨学校的合作培训模式。要充分利用高等学校优质资源开展新理论、新知识、新技能、新信息培训。要发挥资源优势，开辟各类实践教研基地，为加强干部能力培养和党性锻炼提供直观、生动的课堂。要鼓励和引导具备干部教育培训资质的社会培训机构参与干部教育培训。要积极整合师资，利用社会的力量，在各个专题教学中尽可能邀请相关领域的一流专家授课，增强学员学习兴趣，提高教学效果。

第三节　林业站队伍管理

一、人员录用

人才是林业工作的具体承担者和实施者，人才的能力素质直接决定工作的完成质量。在严把进口关的基础上，应多渠道、多方式加大人才引进力度，改善人员结构。在人员招聘时，可根据林业站人员需求情况，制定与本工作站相匹配的招聘政策，一是通过公开招考，招聘农林院校大中专毕业生，采取考试与考核相结合的办法，择优聘用，逐步改善林业站人员结构；二是可以采用定向招生、定向分配、减免学杂费、提供全额奖学金等办法鼓励农林院校大中专毕业生到林业站工作；三是根据工作需要，设置专业技术岗位，从林业系统现有人员内部调剂，把优秀的年轻干部选拔到林业站，充实和加强一线工作。

录用人员必须经过考试，择优录用。只要具备规定报考条件的人员，无论是林业系统内还是林业系统外均可报考。报考条件主要包括品德条件、能力条件和资格条件三个方面。品德条件是指报考者应具备的政治立场、思想意识、道德品质等；能力条件是指自身的政治权利和业务能力；资格条件是指报考岗位所特定的要求。

录用林业站人员的考试方法一般是笔试法和面试法。笔试法是指通过用文字表达的方式解答所考问题，用以推断应试者知识、能力的方法。考试的内容一般侧重于社会基本知识和林业专业知识。面试法是指通过用语言问答的方式来测验应试者知识、能力的方法。通过主考人员与应试者面对面的接触，从而观察其思维能力、文化程度、交际能力、性格等。在实际录用林业站人员时，可结合实际工作能力，计算应试者的综合得分，以此决定录取人员。

二、人员考核

（一）考核内容和重点

林业站人员的考核内容和重点是德、能、勤、绩、廉。德，主要考核政治思想表现。包括政治思想、政策理论水平、职业道德、工作作风等。能，主要考核从事本职工作的能力。包括分析和解决问题的能力、独立工作能力及管理、组织能力、预见能力、开拓创新能力等。勤，主要考核责任感。包括工作态度、工作纪律、出勤率等。绩，主要考核工作实绩，是考核的重点。包括完成的工作数量、工作质量和工作效益等。廉，主要考核廉政建设情况。包括是否秉公办事、是否存在违法违纪和不廉洁的行为。

（二）考核方法

一是领导与群众相结合的方法。对人员的考核，既不能采取简单多数通过的方法，也不宜以直观的民意作为考核基础，合理的方法是领导与群众相结合。在考核中，既要听取上级领导的意见，又要广泛收集同事等各方面的意见，对两者意见可设置不同权重，综合进行考量。二是平时与定期相结合的方法。平时考核是考核平时履行岗位职责的成绩和工作表现。平时考核可以每季度一次，也可以半年一次，还可以对大的专项工作进行考核，为全面考核积累资料。定期考核是一年一度的全面考核，应在平时考核的基础上，逐步做到制度化、规范化。三是定性与定量相结合的方法。定性是指规定人员的具体岗位；定量是规定每个人负责完成具体岗位的工作数量。只有把二者结合起来，才能把每个人的具体工作岗位变成"硬指标"，对每个人的数量和质量提出确切的要求，规定好完成时限。对人员的考核，最后要形成优秀、称职、不称职三个等次的考核结果。考核结果进入本人档案，并作为职务、职称晋升和奖惩的重要依据之一。

三、激励约束方法创新

建立健全激励机制，创新管理方法，激发林业站职工的积极性和创造性。

（一）完善激励机制

林业站职称评定、职务升迁等要公平公正地进行，并且让每个人都知晓，按照绩效考核、个人能力、知识结构等进行公开竞聘。探索建立绩效工资制，根据工作业绩，增设绩效工资和奖金，充分调动人员积极性。在严格落实相关考核措施的基础上，对业绩、能力突出的人员，可在专业技术职称申报和聘任等方面适当放宽条件。同时，为林业站职工提供和创造培训学习、能力提升的机会和渠道，加强人才培养力度，创新人才培养模式。

1. 加强专家型人才培养

林业站人才短缺问题严重制约着林业高质量发展。为加强基层林业站人才队伍的选拔与培养，发挥社会民间林业实用人才力量，可从林业生产经营一线中，挑选出应用技能突出、示范带动作用明显、群众认可度较高的人员，为当地林业经济发展和农民增收致富做出突出贡献的农村涉林种植、养殖、加工、营销的经营能手，合作社牵头人、农村承包大户、乡村企业等实体经济中具有专业技术才能的人员，将其聘请为林业的"乡土专家"。研究制定相应的评选条件、考核措施、激励措施、工作机制，架起"专家"与"林农"之间的桥梁，解决科技成果推广的"最后一公里"问题，发挥示范带动作用，带领大家增效创收，共同致富。同时，鼓励支持乡土专家以多种形式参与林业科学研究与应用推广，加强与各涉林高等院校、科研单位的合作，为乡土专家提供更广阔的发展空间，激发他们更多的创造力。

2. 采用"三定向"人才培养

"三定向"人才培养模式是国家为加强和促进基层发展建设，鼓励和支持单位与高校共同根据市场需求，通过公开、公平、公正和学生自愿的原则，明确录用条件、待遇及双方的权利和义务等，采取定向招生、定向培养、定向分配的人才培养方式。目前，江西、福建、辽宁等多个省的林业部门、教育部门与当地的高校建立有"三定向"林业人才培养模式，主要是通过帮助学生承担学费、住宿费等，鼓励和支持本地户籍的学生到基层一线林业单位工作。"三定向"人才培养模式不仅能够更好地鼓励学生到基层林业单位工作，稳定人才引进渠道，为基层林业单位培养更接地气的专业型人才，也能有效缓解基层林业单位人才短缺、人才流失等问题，还能有效地缓解毕业学生的就业压力，实现政府、高校、基层用人单位和学生"四方共赢"，受到了群众的普遍欢迎。经了解，"三定向"林业专业毕业生服务基层林业站的综合能力强，工作上手快、工作扎实，专业技能及思想稳定性远高于从社会招聘的人员，普遍受到好评。

3. 举办知识竞赛

为切实加强广大基层林业站干部职工业务知识学习，提升林业站队伍的整体素质和能力，可适时举办知识竞赛类活动，以知识问答、技能比拼为主要内容，考量基层林业站实际工作业务水平，营造"钻研业务、苦练技能、锐意进取、创新服务"的良好氛围。针对林业站日常业务工作需要掌握的林业政策法规、森林资源管理、林木栽培技术、林业站管理等内容，设置单选、多选、判断、填空、简答等多种题型，可分为必答、抢答等形式，通过初赛、决赛等环节，决出优胜者，给予相应的精神和物质奖励，对成绩突出者可推选参加省级或国家级比赛。

(二)建立约束机制

约束机制是对职工消极的动机和行为进行遏制的综合措施与过程。除绩效考核评价体系外，林业站应加强组织约束、监督约束、自律约束和环境约束建设，建立综合约束机制。

组织约束机制主要是对林业站职工的日常行为进行管理，包括提醒告诫、行为处分、行政处罚等。在对职工进行组织约束的过程中，林业站负责者必须本着一视同仁的原则，遇到问题及时处理，不拖延、不偏袒、不护短。同时要注重预防和警戒，注重组织职工学习，增强职工责任意识和防微杜渐的能力。

监督约束机制包括岗位监督、财务监督、项目成效监督、日常工作监督等内容。实施监督的主体是全体干部职工和接受服务的对象(林农和林业生产经营者)，监督的重点是林业站领导的岗位监督和项目效果、经费使用状况监督，监督形式有公开资金使用、人事晋升等事务，群众问题反映，召开民主生活会等。注重保障群众反映问题的渠道畅通，使监督约束机制真正发挥作用。

自律约束机制主要包括自我学习、自我修养、自我控制等；环境约束主要是社会环境的约束，包括家庭成员规劝约束、身边同事、亲友规劝，以及周围社会风气环境影响等。自律约束和环境约束是道德层面的软性约束，具有很大的弹性。林业站应重视加强文化建设，注重员工及其家属的道德文化素质提升，建立有效的员工自律约束和环境约束机制。

通过建立综合约束机制，及时发现工作和制度上存在的问题和缺陷，加以修正和完善，切实保障林业站有效发挥工作职能。

第五章

林业站内部管理

第一节 林业站规划与项目管理

一、乡镇林业发展规划

乡镇林业发展规划是指导、统筹安排和部署今后一段时期内乡镇林业生态建设的纲领性文件。规划是比较全面的、长远的发展计划，而计划是工作或行动以前预先拟定的具体内容和步骤。具体而言，规划是对未来整体性、长期性、基本性问题的思考和思量，设计未来整套行动的方案。规划的意义是事前谋划、有的放矢和有备无患；规划的作用是指导、引路、统领今后和下一步的工作；编制规划的目的是立项，进入计划。因此，规划就是解决做什么、怎么做、谁来做、什么时间、什么地点、什么情况的问题。规划的核心问题就是熟悉情况、掌握现状、理清思路、明确目标、确定对象、制定措施。

（一）乡镇林业发展规划编制方法

通常编制发展规划采取滚动计划法，就是把计划期向前延伸，使中长期规划在时间上紧密地连续起来，以保持发展的连续性。其特点是，每年调整修订一次计划，并使计划向前推进。滚动计划法有利于使计划更好地符合客观实际，有利于保持前面计划工作衔接协调，从而增强计划的预见性，充分发挥计划的指导作用。

(二)乡镇林业发展规划编制要点

1. 收集相关资料

一套科学合理的发展规划包括直接和间接上相关的基础资料、科技文章等。林业发展规划具有时间长、范围广等特性,大大增加了规划编制人员对现场掌控的难度。在此基础上,要尽量收集各类基础资料等,积极吸收林业发展规划过程的各项数据和信息,并且把各项数据和信息全部融入林业规划当中,才能切实提高林业发展规划的有效性。需要格外注意的是林业发展规划不但涉及本系统,也需要融入国土、环保、交通、农业等相关制度和数据。因此,在收集相关资料过程中,必须确保相关资料的缜密性和完善性,最大限度避免遗漏。通常情况下,完善合理的资料能够为规划编制人员提供各种真实有效的信息,也是确保林业发展规划编制质量的主要途径。

2. 切实做好调查和沟通

大量实例表明,科学合理的调查和沟通,是提高林业发展规划编制质量的关键。因此,在编制乡镇林业发展规划前,规划设计人员必须深入实地进行调查和分析,并认真落实调查工作。例如,当年的生产和资源现状调查方面,包括宜林荒山、采伐迹地、火烧迹地、低产林改造的数量,可供使用的种苗品种、数量和质量状况,需要抚育间伐的林分面积和分布,幼林、经济林、果木抚育的面积和分布,森林火灾和森林病虫害发生的面积和受灾程度,伐区的数量、分布和蓄积情况等林业基本情况等;社会经济调查方面,包括全乡镇土地、耕地、林地基本情况等;市场调查和预测方面,包括当地市场对林产品的需求、价格、品种等。收集完整这些调查资料,便于全面、真实有效地规划地区地形地貌、山川水系、社会经济等情况。同时,规划人员也应及时和委托单位进行良好的沟通和交流,以充分掌握委托方想法,才能确保林业发展规划编制的合理性。

3. 认真做好核算、整理与分析

要提前核算各种生产的生产能力,如营林生产能力、林副生产能力等;整理、充实各种技术经济定额指标,如劳动定额、原材料、燃料、工具消耗定额等;总结分析上年度生产经营活动,找出问题,制定相应的对策和措施。另外,搜寻国内外林业生产经营新技术、新材料、新方法,及时掌握新动态,便于随时借鉴。

4. 充分做好统计汇总工作

林业发展规划具有很强的特殊性和统一性，因此，在规划时必须要以数据为前提，这些数据主要包括两个方面的内容，一是基础数据，二是林业的规划数据。这些数据通常情况以统计表的形式来反映。在开展林业发展规划前，开展各类统计数据的汇总工作尤为重要。统计表中包含林业发展规划土地类型的面积、森林蓄积、优势树种、林地功能分区面积等。在进行林业发展规划相关数据汇总过程中，必须确保各种统计数据的真实性、吻合性、准确性等。相关的规划数据既要充分满足上述需求，也要切实做好数据的实际性、规模的合理性以及数据的可获取性等，以便从根本上提高林业发展规划编制的直观性。

（三）乡镇林业发展规划编制的草案阶段

按照"因地制宜，实事求是"的原则，把市场的需求和国家的政策及规划任务与乡镇林业的实际情况结合起来，然后根据掌握的所有材料来编制规划草案。

（四）乡镇林业发展规划的内容框架

构建林业发展规划内容框架是为了有效地梳理规划的章节顺序及其对应的内容，厘清规划文本各部分、章节之间的逻辑关系。系统完整的林业发展规划应包括现状分析、规划必要性、总体要求、规划布局、建设任务、建设工程、投资估算、效益分析、保障措施、附件、附表、附图等相关内容。

二、林业项目的申报

项目管理是为使项目取得成功（实现所要求的质量、所规定的时限、所批准的费用预算）所进行的全过程、全方位的规划、组织、控制与协调。

申报林业建设项目必须通过履行基本建设管理程序，一般包括提交项目建议书、编写项目可行性研究报告、项目评估和项目初步设计等步骤。

1. 提交项目建议书

项目建议书编制的目的是研究或规划拟定项目设想的效益、前途是否可信，是否可以在此阶段阐明的资料基础上提出投资建设的决策；建设项目是否需要和值得进行可行性研究的详尽分析；项目研究中有哪些关键问题，是否需要做专题研究；所有可能的项目方案是否均已审查、甄选过；

在已获得资料基础上,是否可以决定项目有足够吸引力和可行性。

建设单位根据项目建设需要提出项目建议书。项目建议书的内容包括:项目建设的必要性和任务、项目区概况(包括自然概况、社会经济状况、林业基本概况等)、建设规模、项目实施与管理、投资估算及资金筹措以及经济效益、生态效益和社会效益的初步分析,并按照要求提供有关文件资料。

2. 编写项目可行性研究报告

项目可行性研究是建设项目投资决策前进行技术、经济论证的一门科学。其任务是综合论证一项建设项目在市场发展的前景、技术上的先进性和可行性,财务上的可能性,经济上的合理性和有效性。简单来说,就是研究、评价一个建设项目从技术和经济两方面看是否可行,并从社会效益和生态效益方面分析论证,为投资决策者提供是否选择该项目进行投资的依据。

项目可行性研究的目的,是对提出的投资建议、工程项目建设方案或研究课题建议的所有方面,进行尽可能详细的调查研究和做出鉴定,并对下一阶段是否终止或继续进行研究提出必要的论证。或者说它的目的是对新建或改建工程项目的主要问题,从技术、经济两个方面进行全面、系统的研究分析,并对投产后的经济效果进行预测,以判断工程项目是"行"还是"不行"。

项目可行性研究报告必须由具有相应工程咨询资质的机构编制。其主要内容应包括:总论、项目背景、建设条件分析、项目建设的依据、项目布局与资源条件分析、建设方案与内容、环境保护、建设期限与实施计划、组织机构与项目管理、投资估算与资金筹措、效益分析与评价、项目建设保障措施、结论与建议以及必要的附件、附表与附图等。

3. 项目评估

审批部门要对上报的项目可行性研究报告进行审查和评估。通常是组织有关专家成立评估小组,着重对项目的技术、经济、财务、市场、组织等方面全面进行论证,对项目可行性研究报告进行审查、评估。评估工作结束后,评估小组应对项目提交评估报告和评估结论。评估结论有四类:同意立项、需修改或重新设计、推迟立项和不同意立项。

4. 项目初步设计

建设单位根据批准的项目可行性研究报告组织编制初步设计文件。项目初步设计确定的建设内容和建设标准不得超过批准的项目可行性研究报告的范围，要列明各单项工程或单位工程的建设内容、建设标准、用地规模、主要材料和设备选择等，其主要内容应包括设计说明、图纸、主要设备材料用量表和投资概算等，并达到国家规定的深度。

项目初步设计必须委托具有相应工程设计资质的机构编制，单纯购置类项目可以不编制项目初步设计，由建设单位在项目可行性研究报告的基础上直接编制项目实施方案。

三、林业项目的组织实施

(一)执行建设项目法人责任制

项目法人责任制是指将投资者所有权与经营管理分离，从项目规划设计、筹资、建设开始，直到生产经营以及投资保值、增值和投资风险全过程负全部责任。

所有林业建设项目在立项之前必须明确项目法人，实行项目法人责任制。承担林业建设项目的事业(企业)单位法人为项目法人，也可以根据项目的实际需要按照政事(企)分开的原则组建项目法人。行政管理部门原则上不能作为项目法人。项目法人对项目申报、建设实施、资金管理及建成后的运行管理等全过程负责。

(二)遵守基本建设程序

未批准项目可行性研究报告的项目不能列入年度投资计划，未批准初步设计或实施方案的项目不得开工。省级林业主管部门批复的项目初步设计或实施方案应报国家林业主管部门备案。不得随意调整已批复项目可行性研究报告的建设性质、建设内容、建设标准、建设规模、建设地点等，如果确需进行调整，必须报原批准部门审批。

(三)项目招投标管理

招标与投标是合同的要约与承诺的一种形式，也是相辅相成的两个方面，具有很强的法律、法规性特点。按照《工程建设项目施工招标投标办法》，为规范项目工程施工，在其管理过程中应实行招投标制。这一制度的施行，可以确保工程质量、缩短建设工期、降低工程造价、提高投资效益、保护公平竞争。

林业建设项目的勘察、设计、施工、监理和与工程建设有关的重要仪器、设备、材料的采购,应当按照《中华人民共和国招标投标法》的规定进行招标。

符合下列条件之一的林业建设项目必须进行公开招标:

(1)施工单项合同估算价在200万元人民币以上的。

(2)仪器、设备、材料采购单项合同估算价在100万元人民币以上的。

(3)勘察、设计、监理等服务的采购,单项合同估算价在50万元人民币以上的。

(4)单项合同估算低于上述三项规定的标准,但项目总投资额在3000万元人民币以上的。

(四)项目建设监督管理制

项目建设监督管理制,是指受项目法人委托,对工程建设的各种行为和活动进行监督、监控、检查、确认,并采取相应的措施,使建设活动符合行为准则,防止在建设中出现主观随意性、盲目决断,以达到项目的预期目标。

列入国家规定监理范围,即项目可行性研究报告批复文件中含有监理费的林业建设项目,建设单位应当委托具有相应资质等级的工程监理单位进行监理。监理单位应当根据有关工程建设的法律、法规、规程、工程设计文件和施工、设备监理合同以及其他工程建设合同,对工程投资、工期和质量等内容进行控制。未经监理工程师签字,建筑材料、建筑构配件和设备不得在工程上使用或者安装,施工单位不得进行下一道工序施工;未经总监理工程师签字,建设单位不得拨付工程款,不得进行竣工验收。

(五)项目监督管理

各级林业计划部门对建设项目要定期跟踪检查,发现问题及时处理并将处理意见上报上级主管部门。要建立林业建设项目实施情况反馈制度,定期反馈林业建设项目的建设进度、工程质量、资金使用等情况。

(六)项目竣工验收

建设项目按批准的设计建成后,建设单位应当于三个月内编制完成工程结算和竣工决算,报财政主管部门和审计部门审核,并报项目可行性研究报告审批部门组织竣工验收。

(七)项目后评价

项目后评价是指在项目建设完成并投入使用或运营一定时间后,对照项目可行性研究报告及审批文件的主要内容，与项目建成后达到的实际效果进行对比分析，找出差距及原因，总结经验教训，提出相应对策建议，以不断提高投资决策水平和投资效益。

为提高项目决策的科学性，在林业项目建设实施过程中和建成运营后，上级主管部门应组织有关专家和机构对项目质量、投资效益等进行评价。

四、林业项目的验收

项目竣工验收的目的是进一步加强项目管理，全面检查、总结项目建设和资金使用情况，促进建设项目及时投产或交付使用，发挥投资效益。

(一)竣工验收条件

申请竣工验收的项目应当具备下列条件：

(1)完成批准的项目可行性研究报告、初步设计和投资计划文件中规定的各项建设内容，能够满足使用及功能的发挥。

(2)所有技术文件材料分类立卷，会计档案、技术档案和施工管理资料齐全、完整。

(3)土建工程质量经建设工程质量监督机构备案。

(4)主要工艺设备及配套设施能够按批复的设计要求运行并达到项目设计目标。

(5)环境保护、劳动安全卫生及消防设施已按设计要求与主体工程同时建成并经相关部门审查合格。

(6)建设项目或各单项工程已经建设单位初步验收合格。

(7)编制完成工程结算和竣工财务决算，并委托有相应资质的中介机构或审计机构进行了造价审查或财务审计。

(二)竣工验收内容

林业建设项目竣工验收包括下列主要内容：

(1)项目建设总体完成情况。建设地点、建设内容、建设规模、建设标准、建设质量、建设工期等是否按批准的项目可行性研究报告和初步设计文件建设完成。

(2)项目资金到位及使用情况。包括中央基本建设资金投资计划下达情况，地方配套资金及自筹资金到位情况，资金管理及会计核算情况。

（3）项目变更情况。项目在建设过程中是否发生设计或施工变更、是否按规定程序办理报批手续。

（4）施工和设备到位情况。各单位工程和单项工程验收合格记录，包括建筑施工合格率和优良率，仪器、设备安装及调试情况，生产性项目是否经过试生产运行，有无试运转及试生产的考核、记录，是否编制各专业竣工图。

（5）法律、法规执行情况。环保、劳动安全卫生、消防等设施是否按批准的设计文件建成，是否合格，建筑抗震设防是否符合规定。

（6）投产或者投入使用准备情况。包括组织机构、岗位人员培训、物资准备、外部工作条件是否落实。

（7）竣工财务决算情况。是否按要求编制竣工财务决算，并通过审核。

（8）档案资料情况。建设项目批准文件、设计文件、竣工文件、监理文件、质检文件及各项技术文件是否齐全、准确，是否按规定立卷。

第二节 林业站统计管理

一、林业统计的基本任务和主要内容

（一）林业统计的基本任务

根据《中华人民共和国统计法》的有关规定和林业生产建设的要求，林业统计工作的基本任务主要有准确、及时、全面、系统地搜集、整理和分析林业生产建设的情况和问题，并及时提供准确可靠的统计资料；运用林业统计资料，研究林业生产建设的发展规律，掌握林业生产建设发展的规律性，探索在不同条件和情况下林业经济发展的规律性和比例关系，及时总结和推广先进经验，加强林业经济管理，为保护森林发展林业，建设生态文明美丽中国服务。

（二）林业统计的主要内容

林业站林业统计工作主要有以下内容。

1. 建立和健全原始记录

原始记录是林业生产经营单位经济核算的基础，是林业统计资料的主要来源。为了取得准确可靠、全面系统的统计资料，必须根据林业生产经

营管理的实际需要，结合国家统计报表制度的统一要求，依照简便、易行、实用的原则，建立和健全原始记录，保证及时、准确地报送统计资料。

2. 建立统计台账

统计台账是根据原始记录按照登记积累统计资料的账簿表册加工整理而成的。林业站的统计工作人员应根据生产经营管理工作的需要和上级规定的统计报表制度，建立一套系统的统计台账。

3. 准确、及时编报国家和各级领导机关规定的统计报表

统计报表是各级领导机关了解情况、制定政策、指导工作、制订和检查计划执行情况的重要依据。林业站应严格按照要求，准确及时地编制、报送有关统计报表。

4. 系统整理统计的历史资料

林业站的统计工作人员应全面系统地整理统计历史资料，进行综合分析研究，掌握生产发展规律，为编制长远发展规划提供资料。

5. 认真开展统计分析工作

统计工作人员应经常深入生产第一线调查研究，了解生产建设情况，做好统计分析工作，检查各项计划执行情况，总结经验教训，提出建议措施，促进林业生产经营任务的完成，取得最佳的经济效益、社会效益和生态效益。

二、林业统计的调查和分析

统计调查是统计工作的初始阶段，是统计资料整理和统计分析的基础。

（一）统计调查分类

统计调查的种类，从不同的角度可以有不同的分类。

林业统计调查分为普查、经常性调查、一次性调查和试点调查。林业统计调查可以根据要求采取信函、传真、电子数据交换和电子邮件等互联网方式进行。

（二）统计调查方案

统计调查是一项复杂、严格的科学工作，必须有目的、有计划、有组织地进行，每次统计调查都应制定一个科学、周密的调查方案。其主要内

容有：明确调查目的和调查任务；确定调查对象和调查单位；制定调查提纲和调查表格；编制调查组织实施计划。

林业统计调查应当制定统计调查计划及其调查方案。林业统计调查计划及其调查方案应当按照林业统计调查项目编制。林业统计调查项目的立项申请文件，应当包括项目名称、调查机关和项目、调查范围、调查对象、调查方式、调查时间、调查内容等事项；重要的林业统计调查项目的立项申请文件，还应当包括论证材料和试点材料。

(三) 林业统计分析

统计分析就是利用所掌握的、经过整理汇总的资料，按照确定的分析目的，应用各种统计分析方法，对客观事物进行概括、评价、推断和预测，揭示其本质和规律的过程。

统计分析根据其对象、任务和目的的不同，步骤有差异，但一般有以下几个步骤：明确分析目的，拟订分析提纲；搜集整理资料，掌握实际情况；进行系统、周密分析研究，得出正确结论，提出合理建议；结合分析结果，写出统计分析报告。

三、乡镇林业统计的主要内容

林业主管部门、林业企(事)业单位应当加强林业统计资料的保管、使用管理，建立健全原始资料、台账、统计报表、电子数据等统计资料档案。根据我国目前林业站的职责任务，林业站统计的主要内容有：森林资源及利用统计、营造林统计、森林灾害统计、野生动植物资源统计、乡村护林员统计等。

(一) 森林资源及利用统计

森林资源是林业生产的物质基础。由于森林资源具有许多不同于其他自然资料的特点，森林资源的培育与利用在林业生产中处于基础地位，因此，必须加强对森林资源的管理，森林资源及利用统计则是做好森林资源管理的基础。

1. 森林资源统计

森林资源管理是林业站必不可少的一项重要工作。为了能及时掌握森林资源的现状和消长变化动态，林业站每年要按规定期限上报本辖区的森林资源变化情况。森林资源统计主要包括土地资源和林木资源两部分。

(1) 土地资源统计。土地资源是指本辖区内所经营的各类土地面积。在森林资源统计中，土地面积包括林地面积和非林地面积两部分。

林地面积是指用于发展林业生产的土地面积，包括有林地、疏林地、灌木林地、未成林造林地、苗圃地、无立木林地、宜林地、辅助生产林地面积。

①有林地。附着有森林植被，连续面积大于1亩、郁闭度0.20以上的林地，包括乔木林地、红树林地和竹林地。

②疏林地。附着有乔木树种，连续面积大于1亩、郁闭度在0.10～0.19的林地。

③灌木林地。附着有灌木树种或因生境恶劣矮化成灌木型的乔木树种以及胸径小于2cm的小杂竹丛，以经营灌木林为目的或起防护作用，连续面积大于1亩、覆盖度大于30%的林地。

④未成林造林地。人工造林、飞播造林、封山育林或人工林地，促进天然更新后不到成林年限，造林成效符合下列条件之一、分布均匀、尚未郁闭但有成林希望的林地。当年造林成活率85%以上或保存率80%以上（年均降水量400mm以下，当年造林成活率70%以上或保存率65%以上）；飞播造林后成苗调查苗木3000株/hm^{2}以上或飞播治沙成苗2500株/hm^{2}以上；天然更新等级中等以上。

⑤苗圃地。以培育苗木为目的，固定的苗木、花卉育苗用地，不包括母树林、种子园、采穗圃、种质基地等种子、种条生产用地以及种子加工、储藏等设施用地。

⑥无立木林地。包括采伐迹地、火烧迹地、其他无立木林地（造林更新后，成林年限前达不到未成林造林地标准的林地；造林更新到成林年限后，未达到有林地、灌木林地或疏林地标准的林地；已经整地但还未造林的林地；不符合上述林地区划条件，但有林地权属证明，因自然保护、科学研究等需要保留的林地）。

⑦宜林地。经县级以上人民政府规划为林地的土地，包括宜林荒山荒地、宜林沙荒地和其他宜林地。

⑧辅助生产林地。直接为林业生产服务的工程设施与配套设施用地以及其他有林地权属证明的土地。

非林地面积是指林地以外的农地、水域、难利用地及其他用地面积。

(2)林木资源统计。林木资源是指在各类土地上生长的各种林木的总和,通常用面积和蓄积量两种实物单位同时反映。

①按林权权属可划分为国有林、集体林、个人私有林和其他。依《森林法》规定,国有林是指权属为全民所有制的森林;集体林是指林权属于乡村和集体林场等集体所有制单位的森林;个人私有林是指农民在自留山、自留地或承包地上营造的林木,林权归个人所有。

②按经营目标可划分为两类森林、五大林种。两类森林即生态公益林和商品林。生态公益林是指以满足保护和改善人类生存环境、保持生态平衡、保存物种资源、科学实验、森林旅游、国土保安等需要为主要经营目的的森林、林木和林地,包括防护林和特种用途林。商品林是指以生产木材、薪炭、干鲜果品及其他工业原料等为主要经营目标的森林、林木和林地,包括用材林、经济林、能源林。五大林种即防护林、用材林、经济林、能源林和特种用途林。

③按优势树种划分,可以分为若干个林分类型,如杉木林、马尾松林、云南松林、杨树林等。

④按林龄划分,一般可分为幼龄林、中龄林、近熟林、成熟林、过熟林。具体划分标准见表5-1。

⑤按森林起源划分,可以分为天然林、人工林和飞播林。

表5-1 主要树种龄级与龄组划分表　　　　　　　　年

树种	地区	起源	龄组划分					龄级期限
			幼龄林	中龄林	近熟林	成熟林	过熟林	
红松、云杉、柏木、紫杉、铁杉	北部	天然	≤60	61~100	101~120	121~160	>161	20
	北部	人工	≤40	41~60	61~80	81~120	>121	20
	南部	天然	≤40	41~60	61~80	81~120	>121	20
	南部	人工	≤20	21~40	41~60	61~80	>81	20
落叶松、冷杉、樟子松、赤松、黑松	北部	天然	≤40	41~80	81~100	101~140	>141	20
	北部	人工	≤20	21~30	31~40	41~60	>61	10
	南部	天然	≤40	41~60	61~80	81~120	>121	20
	南部	人工	≤20	21~30	31~40	41~60	>61	10

(续)

树种	地区	起源	龄组划分					龄级期限
			幼龄林	中龄林	近熟林	成熟林	过熟林	
油松、马尾松、云南松、思茅松、华山松、高山松	北部	天然	≤30	31~50	51~60	61~80	>81	10
	北部	人工	≤20	21~30	31~40	41~60	>61	10
	南部	天然	≤20	21~30	31~40	41~60	>61	10
	南部	人工	≤10	11~20	21~30	31~50	>51	10
杨树、柳树、桉树、檫树、楝树、泡桐、木麻黄、枫杨、软阔类	北部	人工	≤10	11~15	16~20	21~30	>31	5
	南部	人工	≤5	6~10	11~15	16~25	>26	5
桦树、榆树、木荷、枫香、珙桐	北部	天然	≤30	31~50	51~60	61~80	>81	10
	北部	人工	<20	21~30	31~40	41~60	>61	10
	南部	天然	≤20	21~40	41~50	51~70	>71	10
	南部	人工	≤10	11~20	21~30	31~50	>51	10
栎类、柞树、槠类、栲类、香樟、楠木、椴树、水曲柳、胡桃楸、黄波罗、硬阔类	南北	天然	≤40	41~60	61~80	81~120	>121	20
	南北	人工	≤20	21~40	41~50	51~70	>71	10
杉木、柳杉、水杉	南部	人工	≤10	11~20	21~25	26~35	>36	5

注：飞播造林同人工林。

竹林的龄级按竹度确定，一个大小年的周期一般为两年，称为一度。一度为幼林竹，二、三度为壮林竹，四度以上为老龄竹。

按照《森林资源规划设计调查技术规程》(GB/T 26424—2010)，森林资源统计有13种统计表，具体到林业站，应掌握辖区内森林资源的以下统计表。

①各类土地面积统计表(表5-2)。

②各类森林、林木面积蓄积统计表(表5-3)。

③林种统计表(表5-4)。

④生态公益林(地)统计表(表5-5)。

⑤用材林面积蓄积按龄级统计表(表5-6)。

⑥经济林统计表(表5-7)。
⑦竹林统计表(表5-8)。
⑧灌木林统计表(表5-9)。

2. 森林资源利用统计

对森林资源的利用情况进行统计,能及时反映森林资源面积和蓄积量的变化,这对于研究采育比例关系、坚持合理采伐、降低资源消耗等都具有十分重要的意义。

(1)森林采伐统计。森林采伐,包括主伐、抚育采伐、低产(效)林改造采伐、更新采伐和其他采伐。森林采伐统计的主要指标有采伐面积、采伐蓄积量和出材量等。

①采伐面积是报告期内采伐的伐区实际面积。统计时应分别列出属于主伐的择伐、皆伐和渐伐面积等。

②采伐蓄积量是指报告期内对森林主伐、低产(效)林改造采伐和抚育采伐的伐区实际采伐蓄积量。统计时应分别列出择伐、皆伐和渐伐蓄积。

③出材量是报告期内实际采伐的伐区面积所产生出的原条、原木、小规格材和薪材数量。统计时应列出择伐、皆伐和渐伐出材量和针叶树种、阔叶树种。

(2)森林资源采伐利用经济指标。反映森林资源利用情况,除了利用森林采伐面积、采伐蓄积量和出材量等绝对指标外,还应利用下列相对指标反映资源利用程度和变化情况。

①森林资源利用率(或称蓄积出材率),是指出材量与采伐蓄积量之比,反映森林资源的利用程度。

②森林资源更新率,是指实际更新造林面积与需要进行更新造林面积(即采伐总面积)之比,反映了更新与采伐的关系和更新跟上采伐的程度。

(二)营造林统计

营造林包括采种育苗、造林更新、抚育管护等。营造林统计的主要内容就是反映营造林的成果和工作量,包括采种育苗统计、造林更新统计、森林抚育统计和反映森林经营成果及效益的统计等。

1. 采种育苗统计

(1)优良林木种子采集量统计。林木种子采集量是指为育苗和造林更新所采集的种子数量,包括本地区、本单位自行采集及直接或委托商业等部门收购的全部种子数量。种子数量以处理后的纯种计算(不得以浆果、荚果、毛果计算)。林木种子采集量中不包括计入林产品产量中的部分(如油茶籽、油桐籽、核桃、板栗等)和外地调入的种子量。

(2)母树林、种子园面积统计。用良种培育的苗木,造林更新成活率高,林木生长率高,木材质量好。良种繁育的主要措施是通过种子生产基地来实现。母树林、种子园是实现林木良种壮苗的主要途径。

母树林是指在优良天然林或确知种源的优良人工林的基础上,通过留优去劣的疏伐,为生产遗传品质较好的林木种子而营建的采种林分。即选择现有的天然林或人工林的优良林分,经过留优去劣,疏伐改造,或选用速生树种的优良种苗造林,并进行抚育管理,成为专供采种的林分。母树林面积不包括正在筹建以及计划建立的母树林面积。

种子园面积是指用优树无性系或家系按设计要求营建,实行集约经营,以生产优良遗传品质和播种品质种子为目的的特种人工林的面积。即嫁接、定植后3年,保存株数不低于原设计株数85%的面积。种子园按其繁殖方式,可分为两种:一是实生种子园,是直接用优树上采下的种子培育实生苗,从中选择优良苗木进行定植而建立起来的种子园;二是无性系种子园,是从优树上采取穗条,以嫁接或插条方式建立起来的种子园。

种子园的个数以经营单位为统计单位。如一个林场建立三块种子园,则只统计为一个种子园。

(3)育苗工作量统计。育苗直接影响着造林更新的规模、速度和质量,影响森林资源生产。育苗工作量统计的内容主要有育苗面积和育苗量。

育苗面积是指为造林、更新培育苗木所实际利用的苗圃。育苗面积包括本年新育苗面积、留床面积、移植面积三部分以及临时性的灌溉排水设施和苗床间人行道等,不包括苗圃休闲地、固定性或永久性的灌溉排水设施和道路、建筑物等面积。育苗面积统计应按所育苗木的树种不同、苗龄不同、施业方式不同来进行统计,不包括死亡的育苗面积,并按实际面积计算,如在报告期内同一块地上不论是播种、插条和出圃几次,只计算一次育苗面积,避免重复。

①本年新育面积,指本年新播种、插条和移床的面积。

②留床面积,指以前年度培育的苗木,在本年内不能出圃,尚需继续留床培育的面积。

③移植面积，指报告期内，苗木进行移植的面积，新育或留床的苗木如已进行移植，则应计算移植后的新面积，其原来的新育或留床面积不再计算。

④育苗量，指培育苗木的总量。它是指合格苗木的总株数，包括新育株数、留床株数、移植株数以及它们当中的成苗量。

⑤成苗量，指符合质量规定标准，反映本年已出圃和预计下一年度可以出圃、更新用的苗木数量。在已出圃的成苗量中，经检查验收，壮苗数量应单独列出。

（4）育苗质量与效益统计。为了更好地掌握育苗情况，还应统计育苗质量和效益指标。

①单位面积产苗量是指苗木产量与育苗面积之比。按树种、苗龄、作业不同分别计算。

②壮苗率是指在实际生产成苗中，达到壮苗（标准苗）要求的苗木数与实际生产成苗总数之比。

③废苗率是指废苗株数占育苗总株数（包括成苗、幼苗和废苗株数）的百分比。

④成苗率是指成苗株数占育苗总株数（包括成苗、幼苗和废苗株数）的百分比。

⑤在育苗生产中，把成苗分为一级苗、二级苗和三级苗。一级苗产苗率是指一级苗的株数占全部合格苗木总株数的百分比。

2. 造林更新统计

造林更新是恢复和扩大森林资源的主要途径，是林业再生产的主要环节。

（1）造林面积统计。造林面积是指报告期内在荒山、荒地、沙丘、退耕地等一切可以造林的土地上，采用人工播种、飞机播种、植苗造林、分殖造林等方法新植成片乔木林和灌木林，经检查验收成活率达85%以上的面积。

在造林面积中，不包括补植面积、治沙种草面积、经济林垦复面积、迹地更新面积和低产林改造面积。

造林面积的分类统计，应按造林方法、造林树种、林种、整地方式以及造林组织的经济类型不同而进行。

(2)迹地更新面积统计。迹地更新面积是指森林经过采伐或者遭受火灾等毁损以后,在达不到疏林地标准的新、旧迹地上进行人工更新或人工促进天然更新以重新恢复森林(包括乔木林和灌木林)的面积。迹地更新面积不包括天然更新面积。

迹地更新面积的统计,应根据不同的更新方式、树种、林种分别进行统计。统计的内容和范畴都有一定的质量标准。更新面积与造林面积一样,都要按实测面积计算,不得以种苗数和出工数来推算面积。迹地更新面积一般分为:

①人工更新面积,是指在迹地上,采用人工植播、植苗和植树等方法造林,并经验收成活率达85%以上的面积。

②人工促进天然更新面积,是指在留有母树及有萌芽能力根株的迹地上依靠天然下种或自然萌发,并辅以人工措施,如松土除草、补植、补播、平茬等,促进种子的传播、发芽而出苗成林的面积。

(3)补植面积统计。补植面积是指造林、更新以后,成活率达不到规定要求,需要进行补植的面积。现行规定造林成活率在40%~84%,或虽达85%以上但又呈块状死亡,不符合经营要求的造林地或更新地,应进行补植。一般用面积反映其工作量,按实际补植面积计算,但不得计入造林或更新面积之内。由于补植面积多数比较零星、分散,不便实测,所以一般都按下列两种方法计算补植面积。

①根据实际补植的株数折算补植面积。

$$补植面积=补植株数/合理造林密度$$

②根据造林成活率推算补植面积。

$$补植面积=造林(或更新)面积 \times [1-造林(或更新)成活率]$$

(4)整地面积统计。整地是为造林更新而进行的准备工作,如割灌、翻耕、松土、挖坑等。报告期内进行的为本年度和下年度造林更新的整地工作量都应统计在报告期整地工作量内,并把为下年度造林更新的整地工作量单独列出。整地面积按实际面积计算。

(5)四旁(零星)植树统计。四旁(零星)植树是指在路旁、村旁、宅旁、水旁等地零星栽植的树苗和竹木的成活株数。农耕地上的零星植树株数也包括在内,但不包括零星栽植的果树、茶树、桑树和灌木丛。一般用千株或万株为单位统计四旁(零星)植树。

(6)封山育林面积统计。封山育林是利用林木天然更新的能力定期采取划界封禁以恢复森林的措施。一般是对荒山、采伐迹地、火烧迹地、疏林和灌木林地所进行的定期划界封禁,利用林木天然下种能力、根株和根部萌芽及地下茎蔓延,以育成森林。封山育林面积是指当年实有封禁面积。

(7)造林更新工作质量统计。造林更新工作质量的好坏,是造林更新成败的关键。造林更新工作质量通常有以下统计指标。

①造林更新成活率。是指当年(或上年度)造林、更新实际成活面积(或株数)与当年(或上年度)造林、更新总面积(或总株数)之比。统计时一般采用标准地调查法进行统计。

②造林更新保存率。是指造林、更新后,郁闭成林的面积与造林、更新总面积之比,它反映造林更新和幼林抚育的工作质量。

③造林更新合格率。是指造林、更新后,经检查验收,质量达到造林更新技术规程要求的合格面积与造林、更新总面积之比。

3. 森林抚育统计

森林抚育是指从幼林郁闭成林到林分成熟前根据培育目标所采取的各种营林措施的总称,包括抚育采伐、补植、修枝、浇水、施肥、人工促进天然更新以及视情况进行的割灌、割藤、除草等辅助作业活动。森林抚育统计对于经营管理好现有森林十分重要,包括幼林抚育统计和成林抚育统计。

(1)幼林抚育统计。幼林抚育是指从造林更新后到幼林郁闭前(郁闭度在 0.2 以下),采取松土、除草、施肥、灌溉等管理措施,以提高成活率和保存率。幼林抚育统计通常按幼林实际面积和作业面积计算。幼林实际面积是指在一块林地上,不论重复作业几次,只计算一次抚育面积;幼林作业面积是指幼林实际面积与抚育次数的乘积。

(2)成林抚育统计。成林抚育是指从幼林郁闭(郁闭度达到 0.2 及以上)起到森林成熟采伐止,对森林所进行的间伐、修枝、施肥、灌溉等抚育管理工作。成林抚育统计内容包括成林抚育面积、成林抚育改造出材量、抚育间伐强度。

①成林抚育面积是指对郁闭度已达 0.2 以上(含 0.2)的天然林或人工林(经济林自开始结实起算成林)所进行的抚育间伐、修枝等抚育作业的面

积，包括一般性抚育面积、抚育间伐面积和低产林改造面积。按规定除统计总面积外，还应分别统计抚育间伐面积和低产林改造面积。成林抚育面积按实际面积统计。

②成林抚育改造出材量是指在成林抚育、低产林改造过程中，实际采伐的木材数量。所得木材除计入木材产量外，还应分别反映抚育间伐出材量和低产林改造出材量。

③抚育间伐强度是指间伐时采伐林木的数量占全部林木的比重。抚育间伐强度有两种统计方法：一是以每次采伐木材的材积占林木总蓄积量的百分比；二是以每次采伐木材的株数占林分总株数的百分比。

在营林生产统计中，林业站应当统计每个年度全乡镇的全部营林生产情况，区域站要分其所辖的乡镇进行统计（表5-10）。对于所辖乡镇涉及的林业重点工程，应当单列出来进行统计（表5-11）。

(三) 森林灾害统计

森林灾害是指森林因受人为和自然因素作用而发生的损害。森林灾害统计主要是森林火灾统计和林业有害生物统计，统计表格见表5-12。森林火灾和林业有害生物是森林的大敌，保护和管理好现有森林资源是林业生产中的一项重要任务。

1. 森林火灾统计

森林火灾是指发生在除城市市区外的一切森林、林木和林地的火灾。

(1) 森林火情统计。根据森林火灾燃烧中央地点、蔓延速度、受害部位和程度，大致可把森林火灾分为三大类：地表火、树冠火和地下火。以受害森林面积大小为标准，森林火灾分为以下四类：一是森林火警，即受害森林面积不足 $1hm^2$ 或其他林地起火（包括荒火）；二是一般森林火灾，即受害森林面积 $1hm^2$ 以上，不足 $100hm^2$ 的；三是重大森林火灾，即受害森林面积 $100hm^2$ 以上，不足 $1000hm^2$ 的；四是特大森林火灾，即受害森林面积 $1000hm^2$ 以上的。

为了研究森林火灾发生的规律，以便采取有效的预防措施，森林火灾统计应按照起火原因，分类计算发生次数。引起森林火灾的原因分为两大类，即人为原因和自然原因。

(2) 火灾造成的损失统计。应准确核算受害森林面积、成灾森林面积、烧毁林木数量。

表 5-2　各类土地面积统计表

统计单位	总面积(hm²)	林地使用权	森林类别	合计	有林地				疏林地	灌木林地				未成林造林地			苗圃地	无立木林地				宜林地				辅助生产林地	非林地(hm²)	森林覆盖率(%)	林木绿化率(%)
					小计	乔木林地	红树林地	竹林地		小计	国家特别规定灌木林地	其他灌木林地		小计	人工造林未成林地	封育未成林地		小计	采伐迹地	火烧迹地	其他无立木林地	小计	宜林荒山荒地	宜林沙荒地	其他宜林地				
												灌木经济林	其他																
1	2	3	4	5	6	7	8	9	10	11	12	13	14	15	16	17	18	19	20	21	22	23	24	25	26	27	28	29	30

注：总面积为林地面积与非林地面积之和。

表 5-3　各类森林、林木面积蓄积统计表

统计单位	林木使用权	面积总计(hm²)	蓄积量总计(m³)	四旁树和散生木株数合计(株)	有林地							疏林地		四旁树林地		散生木林地	
					面积合计(hm²)	乔木林地		红树林地	竹林地			面积(hm²)	蓄积(m³)	株数(株)	蓄积(m³)	株数(株)	蓄积(m³)
						面积(hm²)	蓄积(m³)	面积(hm²)	面积(hm²)	株数(株)							
1	2	3	4	5	6	7	8	9	10	11		12	13	14	15	16	17

表 5-4 林种统计表

统计单位	林种	亚林种	面积合计 (hm²)	蓄积合计 (m³)	小计 面积 (hm²)	小计 蓄积 (m³)	乔木林 幼龄林 面积 (hm²)	乔木林 幼龄林 蓄积 (m³)	乔木林 中龄林 面积 (hm²)	乔木林 中龄林 蓄积 (m³)	乔木林 近熟林 面积 (hm²)	乔木林 近熟林 蓄积 (m³)	乔木林 成熟林 面积 (hm²)	乔木林 成熟林 蓄积 (m³)	乔木林 过熟林 面积 (hm²)	乔木林 过熟林 蓄积 (m³)	红树林 面积 (hm²)	竹林 面积 (hm²)	竹林 株数 (万株)	疏林 面积 (hm²)	疏林 蓄积 (m³)	灌木林 小计 面积 (hm²)	灌木林 国家特别规定灌木林 面积 (hm²)	灌木林 其他灌木林 面积 (hm²)
1	2	3	4	5	6	7	8	9	10	11	12	13	14	15	16	17	18	19	20	21	22	23	24	25	26

表 5-5 生态公益林(地)统计表

hm²

统计单位	工程类别	事权等级	合计	有林地 小计	有林地 乔木林地	有林地 红树林地	有林地 竹林地	疏林地	灌木林地 小计	灌木林地 国家特别规定灌木林地	灌木林地 其他灌木林地	未成林造林地 小计	未成林造林地 人工造林未成林地	未成林造林地 封育未成林地	苗圃地	无立木林地 小计	无立木林地 采伐迹地	无立木林地 火烧迹地	无立木林地 其他无立木林地	宜林地 小计	宜林地 宜林荒山荒地	宜林地 宜林沙荒地	宜林地 其他宜林地
1	2	3	4	5	6	7	8	9	10	11	12	13	14	15	16	17	18	19	20	21	22	23	24	25

表 5-6 用材林面积蓄积按龄级统计表

统计单位	林木使用权	亚林种	合计		I龄级		II龄级		III龄级		IV龄级		V龄级		VI龄级		VII龄级		VIII以上龄级	
			面积(hm²)	蓄积(m³)	面积(hm²)	蓄积(m³)	面积(hm²)	蓄积(m³)	面积(hm²)	蓄积(m³)	面积(hm²)	蓄积(m³)	面积(hm²)	蓄积(m³)	面积(hm²)	蓄积(m³)	面积(hm²)	蓄积(m³)	面积(hm²)	蓄积(m³)
1	2	3	4	5	6	7	8	9	10	11	12	13	14	15	16	17	18	19	20	21

表 5-7 经济林统计表

统计单位	林木使用权	起源	树种	合计		乔木								灌木			
						产前期		初产期		盛产期		衰产期		产前期	初产期	盛产期	衰产期
				面积(hm²)	株数(百株)	面积(hm²)	株数(百株)	面积(hm²)	株数(百株)	面积(hm²)	株数(百株)	面积(hm²)	株数(百株)	面积(hm²)	面积(hm²)	面积(hm²)	面积(hm²)
1	2	3	4	5	6	7	8	9	10	11	12	13	14	15	16	17	18	19

表 5-8 竹林统计表

统计单位	起源	林种	合计		毛竹林					杂竹		散生毛竹
			面积(hm²)	株数(百株)	面积(hm²)	株数(百株)				面积(hm²)	株数(百株)	株数(百株)
						小计	幼龄竹	壮龄竹	老龄竹			
1	2	3	4	5	6	7	8	9	10	11	12	13

表 5-9 灌木林统计表

hm²

统计单位	使用权	起源	优势树种	合计				国家规定灌木林				其他灌木林			
				小计	疏	中	密	小计	疏	中	密	小计	疏	中	密
1	2	3	4	5	6	7	8	9	10	11	12	13	14	15	16

表 5-10 营造林情况统计表

乡镇名称	造林面积(hm²)			迹地更新面积(hm²)		年末实有封山(沙)育林面积(hm²)			低产低效林改造面积(hm²)	森林管护面积(hm²)	幼林抚育面积(hm²)		成林抚育面积(hm²)		抚育改造出材量(m³)	年末实有育苗面积(hm²)	
	合计	人工造林	飞播造林	合计	其中:人工更新	合计	其中:无林地和疏林地封育				实际面积	作业面积	合计	其中:中、幼龄林抚育面积		合计	其中:本年新育
							小计	本年新封									

表 5-11 重点工程人工、飞播造林和人工更新、封山(沙)育林完成情况　　hm^2

所辖乡镇涉及的林业重点工程名称	本年度检查验收合格造林面积				人工更新面积	新封山(沙)育林面积	
	合计	其中：上年造林,本年验收面积	人工造林	飞播造林		合计	其中：无林地和疏林地新封
林业重点工程造林合计							

注：1. 本表只统计林业站所辖的乡镇涉及的国家林业重点工程。
2. 表中第 2 列为第 4 列、第 5 列之和。
3. 人工造林面积包括人工播种造林面积，但不包括飞播造林播区内飞机难以作业而采用的人工撒播面积。
4. 飞播造林包括飞播造林播区内飞机难以作业而采用的人工撒播面积。

表 5-12　森林主要灾害情况统计表

指标名称	单位	数量	指标名称	单位	数量
一、森林火灾			(二)森林虫害		
1. 火灾次数	次		1. 发生面积	hm^2	
(1)重大火灾	次		松毛虫	hm^2	
(2)特大火灾	次		杨树食叶害虫	hm^2	
2. 火场总面积	hm^2		杨树蛀干害虫	hm^2	
其中受害森林面积	hm^2		2. 防治面积	hm^2	
3. 扑火经费	万元		(1)防治对象		
4. 出动扑火人工数	工日		松毛虫	hm^2	
5. 伤亡人数	人		杨树食叶害虫	hm^2	
(1)受伤人数	人		杨树蛀干害虫	hm^2	
(2)死亡人数	人		(2)防治方法		
二、森林病虫鼠害			化学防治	hm^2	
1. 发生面积	hm^2		生物防治	hm^2	
2. 防治面积	hm^2		3. 防治率	%	
3. 防治率	%		(三)森林鼠害		
(一)森林病害			1. 发生面积	hm^2	
1. 发生面积	hm^2		2. 防治面积	hm^2	
2. 防治面积	hm^2		3. 防治率	%	
3. 防治率	%				

①受害森林面积,是指被火烧过的森林面积。

②成灾森林面积,是指在受害森林面积中,凡单位面积上的成林被烧毁或烧死的株数在30%以上,幼林在60%以上的森林面积。

③烧毁林木数量,是指在受害森林面积中,烧毁或烧死的林木数量,成林按材积计算,幼林按株数计算。

为了计算森林火灾造成的直接经济损失,还应统计参加扑火人数、工日数和扑火费用。其中,扑火费用包括车辆、飞机、通信、器材、粮食、食品、燃料和其他物资损耗以及扑火人员的临时性生活补助费等直接费用;扑火伤亡人数包括重伤人数和轻伤人数。

2. 林业有害生物统计

林业有害生物是对森林植物有害的任何植物、动物或病原体的种、株(或品系)或生物型,包括虫害、病害、鼠(兔)害、有害植物。

森林病虫鼠害是指对森林、林木、林木种苗及木材、竹材的病害、虫害和鼠害。森林病害是指林木机体遭受真菌、细菌、寄生性种子植物和线虫等的危害,而使林木在生理机能、细胞组织结构以及外部形态等方面发生的病理性变化;森林虫害则是林木机体遭受松毛虫、金花虫、竹蝗、金龟子、蝼蛄等各种昆虫的危害,而造成一定面积的森林的生长衰弱或死亡;森林鼠害是指森林、林木种苗遭受各种鼠类的危害,而造成一定程度的损失或死亡。

林业有害植物主要是已经或可能使本地经济、环境和生物多样性受到伤害(尤其是对特定的森林生态系统造成较大危害),或危及人类生产与身体健康的植物种类。

为了减轻森林受林业有害生物的危害,必须及时了解森林危害的情况,研究其发生和发展的规律,以便能及时采取各种积极有效的措施,防止或消灭森林病虫鼠害和林业有害植物。

(1)森林病虫鼠害发生面积统计。森林病虫鼠害发生面积指森林病虫鼠害种群密度(虫口密度、感病指数、捕获率)达到能造成轻级以上危害或已造成轻级以上危害的面积,分轻、中、重三个发生等级。在同一林分中同时发生两种以上的病虫鼠害,以其中主要的病虫鼠害计算发生面积,并加附注。年终统计森林病虫鼠害发生面积,以实际发生面积计算,即将各代病虫鼠害的累计发生面积,扣除重复发生面积。实际发生面积难以分清的，以发生面积最大的那一代计算。

发生面积=发生"轻"级的面积+发生"中"级的面积+发生"重"级的面积

①发生"轻"级的面积是指森林病虫鼠害发生后，在不防治的情况下，能造成轻级危害或已造成轻级危害的面积。实际已造成轻级危害的面积，称为受灾面积。

②发生"中"级的面积是指森林病虫鼠害发生后，达到防治指标或一般应采取防治措施的面积。实际已造成中级危害但还未达到重级危害的面积，称为成灾面积。

③发生"重"级的面积是指森林病虫鼠害发生后，可能造成严重危害或实际已造成严重危害的面积。实际已造成严重危害的面积，称为严重成灾面积。

（2）森林病虫鼠害防治面积统计。森林病虫鼠害防治面积指在已发生和尚未发生病虫鼠害的林地上实行各种防治措施的实际面积，是反映森林病虫鼠害的防治情况和防治效果的统计指标。病虫鼠害防治面积分防治实际面积和防治作业面积两种。防治实际面积是指用各种方法对森林实施预防或治疗措施的实际面积，它不论预防或治疗次数，一律按森林实有面积计算，不重复计算。防治作业面积是指经过防治的实际面积与防治次数的乘积，即按防治次数累计计算其面积。

防治面积=化学防治面积+仿生制剂防治面积+人工防治面积+生物防治面积+其他防治面积

①化学防治面积是指采用有毒的化学物质防治森林病虫鼠害的面积。

②仿生制剂防治面积是指采用人工合成仿生性的、对人畜无毒的化学物质防治森林病虫鼠害的面积。

③人工防治面积是指直接采用人工或人为利用简单工具防治病虫鼠害的面积。如捉虫、摘虫袋、采虫卵、捕杀假死性害虫病斑、修除病枝以及以防治病虫害为目的伐除被害木等。

④生物防治面积是指利用森林虫害的生物天敌或其产生的活性物质来防治病虫鼠害的面积。如白僵菌、赤眼蜂、苏云金杆菌、鸟类等。鸟类防治面积应是人工挂鸟箱招引益鸟实际控制或人工放鸟治虫的实际面积。封山育林的面积不计算为生物防治面积。

生物防治面积＝天敌昆虫防治面积+真菌防治面积+细菌防治面积+病毒防治面积+鸟类防治面积+其他生防面积

（3）林业有害植物发生程度统计。林业有害植物发生程度指林业有害植物在林间自然状态下实际或预测发生的数量（盖度）。

盖度＝（植物地上部分垂直投影面积/样地面积）×100%

（4）林业有害植物成灾统计。根据《林业有害生物发生及成灾标准》（LY/T 1681—2006）的成灾标准指标，检疫性有害植物导致的成灾标准为林木死亡株率达到5%以上；非检疫性有害植物导致的成灾标准为林木死亡株率达到10%以上。

林木死亡株率是指单位面积上林木遭受有害生物危害致死的株数占调查株数的百分比。

（四）野生动植物资源统计

我国是世界上动植物资源非常丰富的国家。从保护珍稀濒危野生动植物资源、保护生物多样性等角度出发，对现有的珍稀野生动植物资源应该进行统计，具体到林业站，应该掌握辖区内珍稀野生植物种类、种群分布、数量，是否有珍稀野生动物栖息、出没、活动，对这些野生动植物资源及其生活环境进行保护。

（五）乡村护林员统计

乡村护林员是指由聘用方从农村集体经济组织成员中聘用的，就近对集体所有和国家所有依法确定由农民集体使用的森林、林木、林地进行管护的专职或者兼职人员，包括生态护林员与原天然林资源保护工程护林员、国家级公益林管理人员等。

乡村护林员的统计因子包含人员数量、人员类别、文化程度、年龄结构、报酬来源、人员管护地点、管护面积、管护类型、聘用状态、聘用日期、解聘原因、参加培训情况和购买个人意外保险情况等。

第三节　林业站档案管理

一、林业档案概述

林业档案作为林业活动原始的历史记录，就其宏观而言，它纵连了古今林业发展的历史进程以及与其他自然和社会领域的关系；就其微观而言，它记述了人们改造客观世界和主观世界的特定实践活动的过程。因此，林业档案的作用和价值不仅仅局限在林业领域，它具有广泛的社会作用和社会价值。

（一）林业档案管理工作的内容和性质

1. 林业档案管理工作的内容

档案管理工作在专业的档案管理部门如档案馆或档案室，有收集、整理、鉴定、保管、检索、编研、提供利用、统计八个环节。在林业站，档案管理工作相对简便，通常把档案的收集、整理、保管、提供利用、统计作为档案管理工作的重点。

（1）档案收集工作。这是征集历史档案及将一切有关林业活动的文件材料没有遗漏地收集在一起的活动。其目的是积累档案资源，保存有价值的档案资源。

（2）档案整理工作。根据档案的形成规律，对收集到的文件材料进行挑选、分类、立卷、编制目录，就是档案的整理工作。其目的是建立有序化的档案实体保管系统，便于档案的日常维护、调阅和归卷。

（3）档案鉴定工作。这项工作分为归档鉴定和复审鉴定，是判定档案存毁和划定保管期限的活动。其目的是优化归档文件，提高档案管理和利用的效率。

（4）档案保管工作。这项工作的主要内容是对归档的档案进行有序管理，控制危害档案物质载体和书写材料的各种因素。其目的是延长档案的寿命，维护档案的安全。

（5）档案检索工作。这是编制档案检索工具，建立手工和计算机档案检索体系的活动。其目的是方便利用者查阅档案。

（6）档案编研工作。这是根据需要，利用档案资料，编辑出版档案文献汇编、档案参考资料、历史研究作品等出版物的活动。它具有信息开发工作的性质。

（7）档案提供利用工作。是指通过阅览、借阅、复制、展览、网络等途径将档案原件、档案复印件、档案信息提供给利用者的活动。它直接体现了档案的服务功能。

（8）档案统计工作。是指完成包括内部的登记和统计工作，以及按时填报国家统计文件的工作。其目的是及时掌握档案管理工作的状况，不断调整和完善档案管理工作。

2. 林业档案管理工作的性质

档案收集、整理、鉴定、保管属于档案实体管理工作的范畴；档案检索、编研属于档案信息开发工作的范畴；档案提供利用属于档案对外服务体系建设的范畴；档案安全体系建设贯穿于档案管理工作的全过程，而档案统计工作则是对整个档案工作的状态进行记录和反馈的环节。

林业档案管理工作实际上主要是一种为林业生产活动提供档案信息保障的工作。从工作性质来看，它具有服务性和机要性。服务性表现在其为林业生产活动提供优质的档案实体管理和档案信息服务；机要性在于档案中总会有一些涉及国家政治、经济、技术、资源等机密的内容，那么林业档案管理工作就必然承担保护档案机密安全的责任。

林业档案管理工作的性质要求各级林业管理部门应配备专职或兼职人员负责档案管理工作，建立岗位责任制度，定期对档案管理人员进行考查、培训。要求档案管理人员：一是要熟练地掌握档案管理的业务内容、技能和规范；二是要严格遵守职业道德，学会运用档案管理工作的原则，灵活地处理各种具体问题，充分发挥档案管理在各项工作中的信息保障作用。

(二) 林业档案工作的基本原则

林业档案工作要严格执行《中华人民共和国档案法》（以下简称《档案法》）。《档案法》第四条规定："档案工作实行统一领导、分级管理的原则，维护档案完整与安全，便于社会各方面的利用。"为此，林业档案工作要坚持以下基本原则。

1. 坚持"统一领导、分级管理"的原则

"统一领导、分级管理"是我国档案工作的组织原则和管理体制。坚持"统一领导、分级管理"原则是指林业档案要与全国的档案在法规、政策、组织、领导、规划、标准等方面相统一，并接受档案行政管理机构的指导、监督和检查；在林业系统内部，档案管理体制应与林业生产管理体制相一致。档案必须由档案机构或者档案管理人员集中管理，不得由个人分散保存或据为己有。

2. 坚持"维护档案完整与安全"的原则

"维护档案完整与安全"是档案工作的基本要求。维护档案的完整包括两个方面的含义：一方面，在数量上，要求林业档案保持其实体成分的齐全；另一方面，在质量上，要求对档案采用科学的方法进行整理，把它组织成为有序的体系。维护档案的安全也包括两个方面的含义：一方面，要求维护档案物质实体的安全，避免档案载体和书写材料遭受损害，尽量延长档案的寿命；另一方面，要求保证档案的政治安全，即避免人为篡改、破坏档案和档案机密被泄露等事故的发生。

3. 坚持"便于社会各方面的利用"原则

"便于社会各方面的利用"是档案工作服务性的集中体现和档案工作的最终目的。坚持"便于社会各方面的利用"原则就是要明确档案工作的服务方向，把是否便于利用作为检验档案管理质量的标准之一，把各项工作落实在提供优质服务上。

(三)林业档案管理工作的检查

上级林业主管部门应对基层单位的档案管理工作进行检查指导，定期组织考核。这是提高档案质量的有效措施。林业档案管理工作的检查内容主要是：

(1)档案管理制度是否健全，档案管理人员是否落实，执行力度如何。

(2)是否按年度分门别类建立了林业档案。

(3)需要收集的资料是否收集齐全。

(4)新造林地是否建立了小班档案卡片，图上是否补绘；档案数据是否进行了更新。

(5)对有关建档材料是否已严格按规定整理、立卷、归档。

(6)档案在林业生产中发挥作用的情况。

(7)档案的借阅、维护保管情况。

(8)档案管理中存在的问题，完善措施是否可行等。

二、林业档案的收集、整理、保管和提供利用

(一)档案的收集

档案收集工作包括接收林业站本单位归档的文件和收集未及时归档的零散文件两个方面的内容。而接收林业站本单位归档的文件是林业站收集档案的主要渠道。

《档案法》第十四条规定："应当归档的材料，按照国家有关规定定期

向本单位档案机构或者档案工作人员移交，集中管理，任何个人不得拒绝归档或者据为己有。国家规定不得归档的材料，禁止擅自归档。"

《机关档案工作条例》第十一条规定："机关应建立、健全文件材料的归档制度。凡机关工作活动中形成的具有保存价值的文件材料（包括党、政、工、团以及人事、保卫、财会等工作中形成的文件材料），均由文书部门或业务部门进行整理、立卷，并定期向档案部门归档。机关领导人和承办人员办理完毕的文件材料应及时交有关部门整理、立卷。"

文件归档是指各单位处理完毕的具有保存价值的文件，经文书部门或承办部门整理立卷后，定期向档案室或档案人员移交的过程。在一个具体的单位中，文件归档是一项涉及文书和档案两个部门的工作。文书部门在文件归档中要做的工作是对处理完毕的文件进行鉴定和整理；档案部门在文件归档中要做的则是接收文书部门移交的案卷。

1. 文件归档范围

根据国家档案局制定的《机关文件材料归档范围和文书档案保管期限规定》，属于归档范围的文件包括以下几种类型。

（1）反映本单位主要职能活动和基本历史面貌的，对本单位工作、国家建设和历史研究具有利用价值的文件材料。

（2）单位工作活动中形成的在维护国家、集体和公民权益等方面具有凭证价值的文件材料。

（3）单位需要贯彻执行的上级单位、同级单位的文件材料；下级单位报送的重要文件材料。

（4）其他对本单位工作具有查考价值的文件材料。

不需要归档的文件材料范围包括：上级单位的文件材料中，普发性不需本单位办理的文件材料，任免、奖惩非本单位工作人员的文件材料，供工作参考的抄件等；本单位文件材料中的重份文件，无查考利用价值的事务性、临时性文件，一般性文件的历次修改稿、各次校对稿，无特殊保存价值的信封，不需办理的一般性人民来信、电话记录，单位内部互相抄送的文件材料，本单位负责人兼任外单位职务形成的与本单位无关的文件材料，有关工作参考的文件材料；同级单位的文件材料中，不需贯彻执行的文件材料，不需办理的抄送文件材料；下级单位的文件材料中，供参阅的简报、情况反映，抄报或越级抄报的文件材料。

做文件归档工作时要注意：

第一，单位应归档的纸质文件材料中，有文件发文稿纸、文件处理单的，应与文件正本、定稿一并归档。

第二，单位联合召开会议、联合行文所形成的文件材料原件由主办单位归档，其他单位将相应的复制件或其他形式的副本归档。

第三，单位形成的人事、基建、会计及其他专门文件材料的归档范围和档案保管期限，按国家有关规定执行。

第四，单位对应归档电子文件的元数据、背景信息等要进行相应归档。

2. 文件归档要求

归档要求是单位文书部门向档案部门移交案卷时应达到的质量要求，也是档案部门接收案卷时的验收标准。根据国家档案局 2015 年 10 月发布的《归档文件整理规则》（DA/T 22—2015）的规定，应该从下列几个方面检查归档文件的质量。

（1）归档的文件应齐全、完整，整理时应遵循文件的形成规律，保持文件之间的有机联系。

（2）归档文件要区分不同价值并进行分类，便于保管和利用。

（3）卷内文件经过系统排列和编目。

（4）案卷封面填写清楚，案卷标题准确，案卷排列合理、编号无误。

（5）编制了完整的案卷目录和相关的文件。

（6）对已破损的文件应予修整，字迹模糊或文件载体存在质量隐患的文件应予复制。

（7）归档文件所使用的书写材料、纸张、装订材料等应符合档案保护要求。

（8）归档文件的整理应保证纸质文件和电子文件整理协调统一。

（9）归档文件的整理应便于计算机管理或计算机辅助管理。

3. 文件归档程序

归档时，文书部门向档案部门移交案卷应按以下程序履行手续。

（1）档案部门依据案卷目录、卷内文件目录对案卷及卷内文件的数量进行核对和检查，同时根据归档要求检查案卷的质量。对不合格的案卷，档案部门应要求文书部门重新返工整理。

（2）案卷检查合格后，填写案卷移交清单，双方履行签字手续。移交清单应该一式三份，一份由文书部门或业务部门存查，另外两份保存在档案部门作为检索工具和全宗卷的材料。

在单位工作中产生的、处理完毕的、具有保存价值的文件，经立卷归档正式移交给档案部门后，即转化为档案，进入档案管理阶段。

（二）档案的整理

档案整理工作是指按照一定的原则和方法，对档案进行区分全宗、分类、立卷、编制案卷目录等一系列的活动。这项工作的目的是建立档案实体的管理秩序，为档案鉴定、保管、检索、提供利用、编研等工作奠定基础。

档案整理工作包括区分全宗、全宗内档案的分类、立卷（组卷、卷内文件的排列和编号、填写卷内目录和备考表、拟写案卷标题、填写案卷封面）、案卷排列和编号、编制案卷目录等业务环节。

（三）档案的保管

档案保管工作的任务是建立和维护档案的存放秩序、保持和维护档案实体良好的理化状态。档案保管工作的要求包括以下几个方面。

1. 注重日常管理工作

在库房管理中，要做到归档和接收的案卷及时入库；调阅完毕的案卷及时复位；定期进行案卷的清点和检查，发现问题及时处理。只要持之以恒地坚持严格的日常管理，就能保证库房内档案的良好状态。

2. 预防为主、防治结合

在归档或接收的档案中，实体处于"健康"状态的档案占绝大多数。因此，在档案保管工作中，积极"预防"档案受到各种不良因素的破坏是主动治本的方法。同时，还应该通过加强日常管理和检查，及时发现档案实体出现的"病变"情况，以便于迅速地采取各种治理措施，阻断或消除破坏档案的有害因素，修复被损害的档案，使其"恢复健康"。预防为主、防治结合，才能全面保证档案实体的安全。

3. 重点与一般兼顾

对于单位的核心档案、重要立档单位的档案、需要长久保存的档案，应该加以重点保护，尽量延长档案的寿命。同时，对于一般性短期保存的档案也要提供符合要求的保管条件，确保其在保管期限内的安全和便于利用。

4. 合理配置物质条件

档案保管的物质条件是档案库房管理所需一切物质装备的总称，包括档案库房、档案装具、档案保管设备、档案包装材料、消耗品。这些在档案保管工作中构成一个保护链条，共同发挥着为档案创造良好环境、防护档案免受侵害、维护档案完整和安全的作用。因此，档案管理员在开展档案保管工作时，应根据档案保管的整体要求和自身的情况，本着合理、有效、实用、节约的原则对这些物质条件进行配置。

(四) 档案的提供利用

档案提供利用工作是发挥档案作用的主要环节，是档案工作服务性的集中体现。

1. 档案提供利用工作的形式

目前，档案提供利用工作的形式主要有以下几种。

(1) 向利用者提供档案原件，包括在档案阅览室阅读档案、借出档案原件利用等方式。

(2) 向利用者提供档案复制品，包括制作档案副本、摘录，编辑出版档案文献汇编，在报刊、广播、电视和网络等传播媒体上公布档案，制作档案缩微品及音像档案副本等方式。

(3) 向利用者提供档案信息加工成品，包括制发档案证明、编写发行档案参考资料和编纂档案史料书籍等方式。

2. 档案提供利用的方式

林业站档案提供利用的方式主要是档案阅览和外借。

(1) 档案阅览。是指在林业站内部开辟档案阅览室，向利用者提供档案原件现场阅览。这种方式有利于保护档案原件的安全，并在一定程度上提高了档案的利用率。

(2) 档案外借。是指在特殊情况下，允许利用者将档案原件或副本借出档案室。单位的领导和业务人员出于各种需要，从档案室向外借阅档案的情况较多。对于特别珍贵且易损的文件、古稀文件以及照片、录音带、录像带等原件，禁止借出使用。

为了对档案外借进行控制和管理，档案室要建立严格的制度，其中包括外借的权限、范围、审批手续、归还手续以及借阅者责任和义务等。对档案一次外借的数量要适当予以控制,期限不宜过长;借阅者要注意保密和妥善保护档案,严禁将档案转借和私自摘录、复制、翻译,更不能遗失、拆散、调换、抽取和污损档案材料。外借档案者要按时归还档案。归还档案时,档案管理人员要仔细检查档案的质量和数量,确保档案完好无损。

三、主要林业档案

林业档案按照档案内容标准进行划分,一般分为森林资源档案、林政管理档案、营造林档案、森林保护档案、林业科技档案、护林员档案、文书档案等。

(一)森林资源档案

森林资源档案是记述和反映森林资源的现状及其消长变化的一种历史记录。它是森林资源管理的基础工作,也是评定森林经营、利用效果,编制国家或地方林业规划,以及确定森林经营方针,制定技术措施,安排各项经营活动的必备手段。林业生产的一切活动,都是围绕着森林资源的数量和质量的增减变化、森林资源内部的各种比例结构的变化以及生产力的变化,进行计划、组织、安排和实施的管理工作。因此,森林资源档案的管理水平,是衡量一个林业部门、一个生产单位的经济管理、科学管理和技术管理水平的重要标志之一。

1. 建立森林资源档案的依据

建立森林资源档案可以依据以下资料:

(1)规划设计调查(以下简称二类调查)成果(包括各种图、表及文字说明资料)。没有上述资料时,可暂用森林资源清查(以下简称一类调查)或其他具有一定精度的调查资料。

(2)森林更新、造林调查设计资料。

(3)近期各种专业调查资料。

(4)固定样地及标准地资料。

(5)林业区划、规划,森林经营方案,总体设计等资料。

(6)各种作业设计资料。

(7)历年森林资源变化资料。

(8)各种经验总结或专题调查研究资料。

(9)有关处理山林权的文字和资料。
(10)其他有关图面、文字、数据资料，包括森林火灾、病虫害危害、乱砍滥伐、抢险救灾等特殊情况消耗的森林资源资料等。

2. 森林资源档案的主要内容

森林资源档案的主要内容有：
(1)森林资源档案卡片、簿册。
(2)森林资源统计表或统计簿。
(3)森林资源消长变化统计表。
(4)基本图、林相图、经营规划图及森林资源变化图。
(5)固定样地和标准地调查记录及计算成果。
(6)处理境界变动及林权纠纷等有关文件和资料。
(7)森林资源变化分析说明。
(8)森林资源各种调查、科研、经营总结等资料。
(9)其他与森林资源档案管理有关文件。

其中，森林资源档案卡片、森林资源统计表以及森林资源消长变化统计表，是各级林业管理部门建立森林资源档案的主要基础，也是全国森林资源统计的基本内容。森林资源档案应在资源清查的基础上及时建立，并坚持变动记载及定期复查。

3. 森林资源档案的种类

从全国建立的森林资源档案看，森林资源档案大体可分为两种类型，即森林经营档案和森林资源数据档案。

(1)森林经营档案。基层林业经营单位的主要任务是经营、培育好森林资源，提高森林质量，实现永续利用。因此，基层单位所建立的与森林经营管理活动紧密联系在一起的森林资源档案，一般称为森林经营档案。森林资源消长变化数据落实到最小经营单位小班，内容包括小班档案卡片、资源统计台账、森林资源分布图等。

(2)森林资源数据档案。为及时掌握森林资源动态变化，更新森林资源数据，检查林业生产情况，了解森林经营效果，为制定林业规划、确定经营措施提供依据服务所建立的森林资源档案，一般称为森林资源数据档案。

4. 森林资源档案资料的收集与整理

森林资源档案资料的收集，就是根据建档的需要，及时地收集和接收森林资源清查、各种专业调查、各项生产作业的设计与实施，以及科学研究成果等有保存价值的资料。若资料缺失或数据不详，在能够补充的情况下，档案管理员应协同业务人员亲自调查并加以补充。

5. 森林资源档案的建立

森林资源档案资料收集完成后，应进行科学分类、系统排列和基本编目的工作。具体来说，是将收集到的档案资料进行规格化文件的填写和非规格化文件的分类、排列、编目工作，即填写小班档案卡片及林班（村）和林场（乡）档案卡片并装订成册，绘制图面材料和整理其他非规格化文件资料等。在建档以后应随时整理、统计森林资源的变化情况，准确记入相应的卡片中，标注在图面上，一般每年年终统计汇总一次。

（1）根据森林资源二类调查中的小班调查因子，按照资源小班档案卡片中的内容相转抄。

（2）根据小班档案卡片上的数据，汇总林班（村）各类土地面积和各类森林蓄积台账，然后由林班（村）逐级汇总到乡、县。资源统计台账中的数据，应做到准确无误，同一栏的上下合计与左右合计必须一致，否则就会有差错，要认真查验。

（3）对森林资源数据，每年要逐级上报森林资源年报，做到一年一出数，一年一归档。

6. 森林资源档案的数据更新

随着林木的生长发育、自然损耗和人们的采伐利用，森林资源的状况是在不断发生变化的。森林资源档案的数据应根据这些情况及时进行更新，资源数据更新主要是小班档案卡片的更新。

（1）凡小班因林木采伐、林分改造、森林火灾、病虫害危害等原因造成林木全部消耗的，小班档案卡片更新时，应改变原来的地类名称，并在备注栏内注明时间和原因。

（2）凡宜林地、采伐迹地、火烧迹地的小班因造林、更新造林引起整个小班地类变更时，在小班档案卡片更新时，应根据人工造林、人工更新造林检查验收材料，更改原来的地类为未成林造林地，并将造林时间、树种、林种、混交形式、株行距、面积、成活率等因子填入小班档案卡片。

（3）因权属或经营界线引起小班的面积、蓄积和林分因子发生变化的，要及时对小班档案卡片和图面进行相应变动，根据变化情况，小班该取消的取消，该增设的增设，或对小班各因子进行相应变动。

（4）对原来的未成林小班，经检查验收达到成林标准的，应将原来的未成林造林地更改为有林地，并按验收材料填写小班林分各因子，小班面积不变。

（5）因国家和乡镇建设使用林地或毁林开垦引起林地发生变化的，按实际情况，注销或更改原小班档案卡片，并在备注栏内注明原因。

（6）对所有未经采伐或其他破坏的有林地、疏林地小班，每年更新一次小班蓄积。

（7）因森林火灾或病虫害引起林木大量死亡，造成林分因子或小班地类发生变化的，按现地调查资料进行更新。

（8）凡小班界线、地类和面积发生变化的，除小班档案卡片上进行更新外，同时应在森林资源分布图上进行补绘或修正。

（9）按数据更新后的小班档案卡片，每年重新汇总林班、乡级森林资源统计台账，然后逐级合计。

（二）林政管理档案

林政管理档案按照林政管理工作的具体内容可细分为林权管理档案、林木采伐限额管理档案等。

1. 林权管理档案

林权管理档案主要记述和反映的是林地、林木的权属及其变化情况。建立林权管理档案的主要依据是：

（1）森林资源调查图表、林权界线图表、各种汇总清册和统计表。

（2）林权登记申请表。

（3）林地林木权属证明文件、公告材料。

（4）现场勘验认界材料、附图或者地块示意图、登记的核准文件、林权登记台账等林地和林木权属登记发证原始材料。

（5）落实产权中的各村调查图表、清册、实施方案、合同、协议、村民代表大会记录、决议、公示等材料。

（6）受理的林权争议、来信来访、矛盾纠纷调处等材料。

（7）使用林地的申请、报告、审核、批复等材料。

（8）其他法律凭证。

2. 林木采伐限额管理档案

对森林采伐进行限额控制，实行限额采伐管理，对促进林业可持续发展具有重要意义。采伐限额管理档案的归档范围包括：

（1）采伐限额的编制材料。

（2）采伐限额的申请、批复文件。

（3）申请、办理林木采伐许可证的各种凭证。

（4）采伐限额实施情况记录。

（5）采伐限额执行情况的检查总结报告。

（6）更新造林措施的落实情况。

（三）营造林技术档案

营造林技术档案主要记载的是人工林的栽培历史，包括种苗来源情况、造林设计、技术标准、造林施工、检查验收、幼林抚育保护、幼林调查、补植、人工林生长动态等情况和结果。一般来说，当人工林全面郁闭后，人工林的生长变化等情况就转入森林资源档案记载。但也有些地方营造林技术档案一直记录到人工林栽培结束，再加上种苗技术档案就成为人工林的全套档案。营造林技术档案按照人工林培育的不同阶段分为林木种子档案、苗圃技术档案、造林（更新）档案和森林抚育档案。

1. 林木种子档案

林木种子档案分为林木种子生产档案和林木种子经营档案。

林木种子生产档案的主要内容包括：

（1）林木种子生产情况，包括生产地点、生产地块环境、技术措施。

（2）林木种子加工情况，包括种子脱粒、干燥、净种、精选、分组情况，加工处理的品种名称、数量、时间、技术措施以及技术负责人。

（3）林木种子来源和质量。

（4）林木种子质量检验情况，包括检验时间、检验内容、检验结果、检验证书编号及责任人。

（5）产地气象记录。

（6）林木种子流向，包括种子调出的时间、数量单价、种子批号、用种单位名称和地址及联系方式。

（7）种子生产合同、生产许可证、产地检疫证、质量检验证复印件等。

林木种子经营档案的主要内容包括：

（1）林木种子来源，包括树种、品种名称、调入时间、规格、数量，从外地调入林木种子的，应当将购销合同、标签、质量检验证书和检疫证书原件存档。

（2）林木种子质量检验情况，包括检验时间、检验内容、检验结果、检验证书编号及责任人。

（3）林木种子精选情况，包括精选时间、精选进度、精选损耗情况、技术措施及责任人。

（4）林木种子贮藏情况，包括入库和出库时间，数量，产地，贮藏期间质量检验时间、检验内容、检验结果及责任人。

（5）林木种子包装情况，包括数量、规格，并将标签存根存档。

（6）林木种子运输情况，包括林木种子调运的起始时间、运输工具等。

（7）林木种子销售情况，包括销售的时间、数量、单价、种子批号、去向，并将销售合同原件存档。

经营林木良种的，还应当将林木良种证书复印件归档。

2. 苗圃技术档案

苗圃技术档案是营造林技术档案的一个重要组成部分，记载的主要内容包括苗圃土地、劳力、机具、物料、肥料、种子等的利用情况，各项育苗技术措施的应用情况，苗木的生长状况以及苗圃的其他经营活动等。通过对这些长期记录的材料进行整理，统计分析和总结，能够及时、准确、历史地掌握该苗圃地培育苗木的种类、数量和质量数据，掌握培育苗木的生长规律，分析、总结育苗技术经验，探索土地、劳力、机具、物料、药料、肥料、种子合理使用的有效措施。另外，苗圃技术档案是实行劳动组织、制定生产定额和实行科学管理的依据。

为了促进育苗技术的发展和苗圃经营管理水平的提高，充分发挥苗圃技术档案的作用，建立苗圃技术档案要做到以下几点。

（1）长期坚持，不能间断，以保持技术档案的连续性、完整性。

（2）设专职或兼职人员管理苗圃技术档案。由负责生产的技术人员兼管档案建设，更有利于档案的管理和使用。

（3）观察、记载要认真负责、及时准确，力求文字简练、字迹清晰。

（4）一个生产周期结束后，对记载材料要及时汇总整理、分析总结，从中找出规律性的东西，及时提供准确、可靠的科学数据和经验总结，指导今后苗圃生产和科学实验。

3. 造林（更新）档案

建立造林（更新）档案的依据主要包括：造林（更新）任务设计书、项目建议书、施工设计、规划设计图、单项工程规划设计图、验收登记表、幼林调查表等各种图表。

造林(更新)档案主要内容包括：造林作业设计文件、图表，造林面积，整地方式和规格，林种、造林树种、立地条件、造林方法、密度，种苗来源(包括产地、职务检疫证书、质量检验合格证书和标签等)、规格和处理，保水材料和肥料，未成林抚育管护，病虫害种类和防治情况，造林施工单位、施工日期，监理单位、监理人员、监理日期，施工、监理的组织、管理、成效评价，各工序用工量及投资，造林招投标资料，资金支付单据等。

4. 森林抚育档案

森林抚育档案主要记载了森林抚育的时间、方法、措施和效果等情况。建立森林抚育档案的主要依据是森林抚育设计方案、实施方案等资料，其主要内容包括以下几方面。

(1)作业设计文档。包括森林抚育作业区调查原始记录和作业设计成果。作业设计成果包括说明书、表、图以及作业设计批复文件等。

(2)森林抚育作业文档。包括施工合同、采伐许可证等文件，以及有关抚育作业过程中的用工和设备、材料等消耗资料。

(3)检查验收文档。包括森林抚育作业的自查报告、检查验收报告等材料。

(4)其他相关文档。包括工作总结、财务报表等文档，以及抚育作业前后对比照片等材料。

(四)森林保护档案

森林保护档案由森林防火档案、林业有害生物防治档案和野生动植物保护档案组成。

1. 森林防火档案

森林防火档案的归档范围包括：本级护林防火组织及其领导变动的文件；上级下达的指示、指令以及本级森林防火指挥部制发的规范性文件；森林火灾统计资料，包括森林火灾发生的天气状况、火源及扑救过程的原始记录，迹地勘察报告，以及火案处理资料；护林防火工程的设计、报告、批复、施工、验收等过程中形成的文件材料；护林防火工作计划和总结、重要会议和专题活动的材料等。

2. 林业有害生物防治档案

林业有害生物防治档案的归档范围包括：防治法规条例、林业有害生物发生、防治、测报等技术资料，林业有害生物统计报表，防治研究、先进技术推广材料，防治工作总结、报告等。

3. 野生动植物保护档案

野生动植物保护档案的归档范围包括：野生动植物保护法规条例、方针政策，工作请示、报告批复，调查记录（包括野生动物的生息、饲养、驯化、繁殖、招引以及气候条件、自然环境对其产生的影响等内容）、调查报告，有关科研、考察活动材料等。

（五）林业科技档案

林业科技档案是林业生产和科学实验的记录和反映。林业科技档案的归档材料主要是在林业生产经营、科学实验、技术方案、森林资源管理、林业基本建设等活动中形成的技术文件和材料，包括科研项目审定及可行性调查材料，科技合同、成果鉴定、标准验证、推广方案、技术情报信息、论文、职工技术培训计划、总结等。

（六）护林员档案

护林员是指按指定管护区域开展日常巡护并填写护林纪实手册或巡山日记的人员。护林员档案的归档范围包括：对护林员进行《森林法》《森林法实施条例》《森林防火条例》等有关法律条文、典型涉林案件、护林员职责、森林防火工作等内容讲解和培训的全过程资料及统计、分析和更新护林员有关数据的资料。生态护林员档案还应包括建档立卡贫困人口生态护林员在内的所有护林员的申请材料、审核表、管护劳务协议、考核表、解聘通知书等。

（七）文书档案

文书档案是机关、团体、企事业单位在行政管理事务活动中产生的，由通用文书转化而来的那一部分档案。文书档案包括指示、决定、公告、请示、报告、批复、通知、信函、简报、会议记录、总结等。这类档案在其产生、内容和形式上有一定共性。文书档案的归档范围包括：

（1）上级党政领导机关针对林业站的重要指示、批复、批转、通报、通知和上级党政领导机关发来的需要林业站贯彻执行的指导性文件。

（2）林业站在工作中形成的指示、批示、批复、批转、决议、通报、通知、工作计划、总结、报告、财务预决算、会议记录、规定、规章制度及重要请示、报告等文件材料；参加重要会议和培训班全过程形成的文件材料；反映本单位重要活动的简报、录音、录像、照片等；汇总的各种统计报表和统计资料以及规划、各种合同、协议书、干部任免、奖励、处分等文件材料。

(3) 上级机关对林业站有关工作检查形成的重要文件。

(4) 林业站具有参考价值的一般性文件和兄弟单位的重要来往函件。

(5) 本机关财产、物资、档案等的交接凭证、清册。

(6) 重要的群众来信及领导批示办理情况材料。